Schönes Deutschland
Beautiful Germany
La belle Allemagne

Ellert & Richter Verlag

Inhalt/Contents/Sommaire

Nun wollen wir auch einmal Ja sagen. Ja—: zu der Landschaft und zu dem Land Deutschland.

Dem Land, in dem wir geboren sind und dessen Sprache wir sprechen.

Der Staat schere sich fort, wenn wir unsere *Heimat* lieben. Warum gerade sie — warum nicht eins von den andern Ländern —? Es gibt so schöne.

Ja, aber unser Herz spricht dort nicht. Und wenn es spricht, dann in einer anderen Sprache — wir sagen „Sie" zum Boden; wir bewundern ihn, wir schätzen ihn — aber es ist nicht das.

Es besteht kein Grund, vor jedem Fleck Deutschlands in die Knie zu sinken und zu lügen: wie schön! Aber es ist da etwas allen Gegenden Gemeinsames — und für jeden von uns ist es anders. Dem einen geht das Herz auf in den Bergen, wo Feld und Wiese in die kleinen Straßen sehen, am Rand der Gebirgsseen, wo es nach Wasser und Holz und Felsen riecht und wo man einsam sein kann; wenn da einer seine Heimat hat, dann hört er dort ihr Herz klopfen. Das ist in schlechten Büchern, in noch dümmeren Versen und Filmen schon so verfälscht, daß man sich beinah schämt, zu sagen: man liebe seine Heimat. Wer aber weiß, was die Musik der Berge ist, wer die tönen hören kann, wer den Rhythmus einer Landschaft spürt ... nein, wer gar nichts andres spürt, als daß er zu Hause ist; daß das da sein Land ist, sein Berg, sein See — auch wenn er nicht einen Fuß des Bodens besitzt ... es gibt ein Gefühl jenseits aller Politik, und aus diesem Gefühl heraus lieben wir dieses Land.

Wir lieben es, weil die Luft so durch die Gassen fließt und nicht anders, der uns gewohnten Lichtwirkung wegen — aus tausend Gründen, die man nicht aufzählen kann, die uns nicht einmal bewußt sind und die doch tief im Blut sitzen.

Wir lieben es, trotz der schrecklichen Fehler in der verlogenen und anachronistischen Architektur, um die man einen weiten Bogen schlagen muß; wir versuchen, an solchen Monstrositäten vorbeizusehen; wir lieben das Land, obgleich in den Wäldern und auf den öffentlichen Plätzen manch Konditortortenbild eines Ferschten dräut — laß ihn dräuen, denken wir und wandern fort über die Wege der Heide, die schön ist, trotz alledem.

Manchmal ist diese Schönheit aristokratisch und nicht minder deutsch; ich vergesse nicht, daß um so ein Schloß hundert Bauern im Notstand gelebt haben, damit dieses hier gebaut werden konnte — aber es ist dennoch, dennoch schön. Dies soll hier kein Album werden, das man auf den Geburtstagstisch legt; es gibt so viele. Auch sind sie stets unvollständig — es gibt immer noch einen Fleck Deutschland, immer noch eine Ecke, noch eine Landschaft, die der Photograph nicht mitgenommen hat ... außerdem hat jeder sein Privat-Deutschland. Meines liegt im Norden. Es fängt in Mitteldeutschland an, wo die Luft so klar über den Dächern steht, und je weiter nordwärts man kommt, desto lauter schlägt das Herz, bis man die See wittert. Die See — Wie schon Kilometer vorher jeder Pfahl, jedes Strohdach plötzlich eine tiefere Bedeutung haben ... wir stehen nur hier, sagen sie, weil gleich hinter uns das Meer liegt — für das Meer sind wir da. Windumweht steht der Busch, feiner Sand knirscht dir zwischen den Zähnen ...

Die See. Unvergeßlich die Kindheitseindrücke; unverwischbar jede Stunde, die du dort verbracht hast — und jedes Jahr wieder die Freude und das „Guten Tag!" und wenn das Mittelländische Meer noch so blau ist ... die deutsche See. Und der Buchenwald; und das Moos, auf dem es sich weich geht, daß der Schritt nicht zu hören ist; und der kleine Weiher, mitten im Wald, auf dem die Mücken tanzen — man kann die Bäume anfassen, und wenn der Wind in ihnen saust, verstehen wir seine Sprache. Aus Scherz hat dieses Buch den Titel „Deutschland über alles" (Titel der Originalausgabe) bekommen, jenen törichten Vers eines großmäuligen Gedichts. Nein, Deutschland steht nicht über allem und ist nicht über allem — niemals. Aber *mit* allen soll es sein, unser Land. Und hier steht das Bekenntnis, in das dieses Buch münden soll:

Ja, wir lieben dieses Land.

Und nun will ich euch mal etwas sagen:

Es ist ja nicht wahr, daß jene, die sich „national" nennen und nichts sind als bürgerlich-militaristisch, dieses Land und seine Sprache für sich gepachtet haben. Weder der Regierungsvertreter im Gehrock, noch der Oberstudienrat, noch die Herren und Damen des Stahlhelms allein sind Deutschland. Wir sind auch noch da.

Sie reißen den Mund auf und rufen: „Im Namen Deutschlands ...!" Sie rufen: „Wir lieben dieses Land, nur wir lieben es." Es ist nicht wahr.

Im Patriotismus lassen wir uns von jedem übertreffen — wir fühlen international. In der Heimatliebe von niemandem — nicht einmal von jenen, auf deren Namen das Land grundbuchlich eingetragen ist. Unser ist es ...

Und in allen Gegensätzen steht — unerschütterlich, ohne Fahne, ohne Leierkasten, ohne Sentimentalität und ohne gezücktes Schwert — die stille Liebe zu unserer Heimat.

Now at last we want to say Yes. Yes, to the landscape and to the land, Germany.

The land in which we were born and whose language we speak.

Let the state get out of the way — we love our home. Why? Why this land when there are so many others? There are such beautiful countries.

Yes, but our heart doesn't speak in the other countries. Or if it does, it speaks a foreign language. We're unfamiliar with earth: we admire and appreciate but it is not the same. There is no earthly reason to kneel down in front of every spot in Germany and to lie, „How beautiful!" But there is something common to all the regions — and it's different for each one of us. One person may be most intimately moved in the mountains, where field and meadow peer into the little streets. Or at the edge of mountain lakes where the air is full of the scent of water and wood and rock, and where one can be alone. If that's where one is at home, it will make one's heart pound faster. All this feeling has been cheapened in bad books, stupid verses and films, so that one is almost afraid to say, I love my homeland.

But if you can hear the music of the mountains and feel the rhythm of a landscape — No, it's enough, really, just to feel that you've come home — that this is your country, your mountain, your lake, even though you do not own a single foot of ground.

This is a feeling separate from all politics, and it is out of this feeling that we love this land.

We love it because the air flows through its little alleys, this way, and no other; because of the quality of the light that we recognize, for a thousand reasons that cannot be enumerated — that are not even conscious, but nevertheless deep in the blood.

We love it, in spite of the horrible false notes of anachronistic architecture around which one has to detour. We try to avoid looking at monstrosities like this one. We love this land, in spite of the pastry-cook's images of our rulers that threaten us in the woods and in many a public place.

Let them threaten, we say, and are on our way over the heath. Which is lovely, in spite of everything.

The loveliness can be aristocratic and no less German; I don't forget that hundreds of peasants lived in poverty so that this might be built — but nevertheless, it is beautiful. Although we have no intention of turning our book into a picture album suitable for someone's birthday — there are so many of those, and they're always incomplete — there's always another spot in Germany, another corner, another landscape that the photographer forgot to take along. And besides, we all have our own private Germany. Mine lies to the north. It begins in middle Germany, where the air seems to rise so luminously above the roofs. As you get farther and farther north, your heart beats louder and louder, until you finally sense the sea. The sea — still miles away, every fence post and every thatched roof suddenly takes on a deeper significance. We are here, they say, only because the sea lies just behind us. We're here for the ocean. The vegetation moves in the wind. You feel the fine sand between your teeth.

The sea. Childhood impressions are unforgettable; the hours you spent here can't be erased. Every year you feel the same joy in the first greeting, no matter how blue the Mediterranean. The German sea. And the beechwoods, and the moss that's so soft under your feet, that your step cannot be heard; and in the midst of the woods the little pool on which the midges dance. You can touch the trees and understand what the wind in their branches says. We called this book „Deutschland über alles" as a joke — such a foolish line from a big-mouth poem. No, Germany doesn't count above all and isn't over all — never. But let our land be with, including all. And let the confession, with which this book ends, stand here:

Yes, we love this land.

And now I want to tell you something:

Those who all themselves nationalists and are really only bourgeois-militarists, don't have an exclusive lease on this land and its language. That's not true. Neither the member of the government in his morning coat, nor the professor, not the ladies and gentlemen of the *Stahlhelm,* make up Germany by themselves. We're here too.

They open their mouths wide and yell „In Germany's name ..." They yell, „We love our country and we're the only ones who love it." It isn't true.

We'll let anyone who wants outdo us in patriotism. Our feelings are international. But no one can outdo us in our love of home — not even those who have registered the country in their name. It is ours ...

And in the midst of all its contradictions — without flags, without barrel organs, without sentimentality, and without drawn swords — we assert our firm and quiet love for our homeland.

Il faut que, pour une fois, nous disions OUI. Oui à l'environnement et au pays même qu'est l'Allemagne. Ce pays où nous sommes nés et dont nous parlons la langue. Que l'Etat reste à l'écart lorsque nous manifestons notre amour pour la patrie. Pourquoi celle-là justement, et non pas une autre ? Il y en a de si belles!

Oui, mais notre coeur n'y est pas et s'il parle, il parle une autre langue. Et de plus, nous n'en tutoyons pas les sols, nous les admirons et les estimons, mais ils ne seront jamais les nôtres.

Il n'y a aucune raison de tomber à genoux devant chaque site en Allemagne et de s'extasier constamment: Oh, que c'est beau! Mais toutes les régions ont quelque chose de commun. Et pourtant, chacun d'entre nous les voit différemment. Les uns préfèrent les montagnes parées de champs et de prés traversés de petits chemins, avec des lacs au bord desquels on hume des odeurs d'eau, de bois et de pierre qui invitent à la rêverie solitaire. Si la patrie de quelqu'un se trouve à un tel endroit, on peut en entendre battre le coeur. Le sens du mot patrie a été si souvent falsifié dans de mauvais écrits, par des vers niais ou dans des films simplets que l'on se gêne presque d'avouer que l'on aime sa patrie. Celui qui, par contre, connaît la musique de la montagne, l'entend résonner et sent vibrer le paysage... non, celui qui se sent tout simplement chez lui, qui sait que c'est son pays, sa montagne, son lac, même s'il n'en possède pas un centimètre carré...il existe un sentiment qui va au-delà de la politique et c'est à cause de ce sentiment que nous aimons notre pays.

Nous l'aimons à cause de l'air qui souffle à travers les ruelles d'une certaine manière et pas autrement, à cause de la lumière qui nous est familière - à cause de mille autres raisons que nous ne connaissons même pas et qui, pourtant, sont profondément ancrées dans nos coeurs.

Nous l'aimons malgré les erreurs terribles qu'affiche son architecture mensongère et anachronique dont nous tentons d'ignorer les monstruosités. Nous aimons notre pays bien que nous retrouvions dans ses forêts et sur ses places publiques des effigies soufflées et sucrées. Tant pis, pensons-nous et reprenons notre marche à travers la lande, qui, malgré tout, est belle.

Cette beauté est parfois aristocratique sans être moins allemande. Je ne peux oublier qu'une centaine de paysans a vécu misérablement autour d'un tel château pour pouvoir édifier celui-ci. Et pourtant, il est beau. Ceci ne doit pas prendre la forme d'un album à déposer sur une table d'anniversaire, il y en a déjà trop. Et de plus, ils sont toujours incomplets car il existe encore toujours un endroit, encore un petit coin, un paysage que le pho-

tographe n'a pas mis dans sa caméra.... et chacun a son Allemagne à lui. La mienne est au Nord. A partir de l'Allemagne centrale, là où l'air est transparent au-dessus des toits, et plus on avance vers le nord, plus le coeur bat fort, jusqu'au moment où l'on sent l'air de la mer. Chaque poteau, chaque toit de chaume prennent une importance plus profonde bien des kilomètres avant... nous ne sommes là que parce que la mer est derrière nous, nous sommes là pour la mer. L'arbuste est malmené par le vent, le sable fin crisse entre les dents.

La mer. Inoubliables souvenirs d'enfance. Chaque heure que tu y a passée est ineffaçable - et chaque année, la même joie et le même "Bonjour" - et même si la Méditerrannée est bien plus bleue...les côtes allemandes de la mer... Et cette forêt de hêtres... et la mousse épaisse qui étouffe les pas... et le petit étang au milieu de la forêt au-dessus duquel dansent les insectes... on peut toucher les arbres et lorsque le vent les agite, on comprend son langage. Le titre de ce livre "L'Allemagne au-dessus de tout" est une plaisanterie faite selon ce vers stupide issu d'une poésie pleine de vantardise. Non, l'Allemagne n'est pas au-dessus de tout et ne s'impose pas sur tout, jamais. Mais elle doit être un tout, notre pays. Ce livre se veut d'avoir pour sujet la confession suivante: Oui, nous aimons notre pays. Et maintenant, laissez-moi vous dire quelque chose: Il n'est pas vrai que ceux qui se disent "nationaux" bien qu'ils soient simplement bourgeois militaristes aient confisqué ce pays et sa langue. Ni le représentant gouvernemental en redingote, ni le recteur de lycée, ni ces messieurs-dames membres d'associations d'Anciens Combattants représentent à eux seuls l'Allemagne. Nous sommes aussi là.

Ils hurlent "Au nom de l'Allemagne...!" Ils crient :"Nous aimons ce pays, il n'y a que nous qui l'aimons". Ce n'est pas vrai.

Quand il s'agit de patriotisme nous nous laissons devancer par tout le monde - nous nous sentons internationaux. Mais personne ne peut nous dépasser quand il s'agit de l'amour pour notre patrie, pas même ceux dont les noms figurent au registre des propriétaires. C'est la nôtre... Et malgré toutes les contradictions, l'amour silencieux pour notre patrie reste inébranlable, sans drapeau, sans orgues de Barbarie, sans sentimentalisme et sans épée dégainée.

Aus 41 Metern Höhe sendet
der Leuchtturm von Westerhever auf der Halbinsel Eiderstedt, zu Anfang des 20. Jahrhunderts erbaut, seine Signale
fast 50 Kilometer weit hinaus
auf die Nordsee. Er erhebt sich
in einer Landschaft, wie sie für
Nordfriesland typisch ist: me-
terhohe Deiche, von Entwässe-
rungsgräben durchzogene Salz-
wiesen mit weidenden Schafen.
Wenige Kilometer entfernt liegt
die endlos weite Sandbank von
St. Peter-Ording.

Westerhever lighthouse on the
Eiderstedt peninsula, built at
the beginning of the 20th
century, sends its signals almost
as far as 50 kilometers out into
the North Sea from a height of
41 meters. It rises from a
landscape typical of North
Frisia: dikes several meters
high, salt meadows traversed by
drainage ditches and upon
which sheep are grazing, and, a
few kilometers distant, the
endlessly wide sandbank of St.
Peter-Ording.

Haut de 41 mètres, le phare de
Westerhever construit au début
du 20ème siècle sur la presqu'île
de Eiderstedt transmet ses
signaux vers la Mer du Nord sur
une distance de presque 50
kilomètres. Il se découpe sur un
paysage très typique du Nord de
la Frise avec ses hautes dunes,
ses champs salants où paissent
des moutons et coupés de
fossés. Un peu plus loin s'étire
la longue plage sablonneuse de
St.Peter-Ording.

Lübeck ist nicht nur eine der schönsten, sondern auch eine der ältesten deutschen Städte. Vor der Neugründung durch Heinrich den Löwen im Jahr 1160 bestand hier, kurz vor der Mündung der Trave in die Ostsee, schon eine Kaufmannssiedlung. Der Weg in die Altstadt mit ihren hervorragenden Zeugnissen norddeutscher Backsteingotik führt durch das Holstentor, 1477/78 vollendet und noch heute Wahrzeichen der Stadt; links die zweitürmige Marienkirche aus dem 13./14. Jahrhundert.

Not only is Lübeck one of the most beautiful cities of Germany; it is also one of the oldest. Before Henry the Lion refounded the city in 1160, a merchants' settlement had already existed here. On the way into the old town, with its extraordinary examples of north German redbrick Gothic, one passes the Holsten Gate, completed in 1477/78 and still the hallmark of the city; on the left hand the twin spires of the Marienkirche, built in the 13th - 14th centuries.

Lubeck n'est pas seulement l'un des plus belles, mais également l'une des plus anciennes villes de l'Allemagne. Une colonie de marchands est d'ores et déjà établie à l'embouchure de la Trave avant qu'Henri le Lion rebâtisse la ville en 1160. Le chemin qui mène vers la vieille ville aux merveilleuses façades de briques néo-gothiques passe à côté de la Porte de Holstein terminée en 1477/78 et qui symbolise la ville. A gauche, l'Eglise de Ste- Marie construite au 13ème et 14ème siècle.

CONCORDIA DOMI FORIS PAX

Hamburgs Herz ist aus Wasser. Die Binnenalster, wie die Außenalster ein seit Jahrhunderten künstlich gestauter See, liegt mitten in der Stadt, umrahmt von traditionsreichen Geschäftshäusern und vornehmen Hotels. Alles atmet hier den zurückhaltenden Charme der alten Handels- und Hansestadt; links der Turm des neugotischen Rathauses, wo bis heute die Bürgerschaft, das Parlament der Stadt, tagt.

Hamburg's heart is the water. The Inner Alster, like the Outer Alster an artificial lake in existence for several centuries, is situated in the center of the city, surrounded by traditional merchants' town houses and exclusive hotels. Here, everything seems to exhale the decent charm of the old commercial center of the Hanseatic city; to the left, the spire of the neo-Gothic Rathaus where, to this day, the city council meets.

Le coeur de Hambourg est un plan d'eau. Ce lac artificiel, endigué depuis des siècles, comprend l'Alster intérieur et l'Alster extérieur sur les bords desquels se dressent des maisons traditionnelles de commerçants et d'élégants hôtels. Tout reflète ici le charme discret de l'ancienne métropole hanséatique. A gauche, l'Hôtel de Ville où siège aujourd'hui encore le parlement de la ville, avec sa tour de style gothique flamboyant

Hamburger Hafen — das sind nicht nur die modernen Kaianlagen und Containerterminals, das ist auch die Speicherstadt, in der noch heute Kaffee und kostbare Gewürze, Spezereien und prachtvolle Orientteppiche lagern. Das beeindruckende Ensemble von Backsteinbauten entstand zum Ende des 19. Jahrhunderts, als Hamburg dem Zollgebiet des Deutschen Reichs beigetreten war, auf dem neu geschaffenen Freihafengelände.

The Port of Hamburg — not only represented by the modern docks and container terminals — is further characterized by the Warehouse City, where to this day valuable spices, specialities, and magnificent oriental carpets are stored. The impressive ensemble of brick buildings was built at the end of the 19th century when Hamburg became member of the German customs union.

Le port de Hambourg ne comprend pas seulement des quais modernes et des terminaux pour conteneurs, mais aussi la "Speicherstadt" (quartier des entrepôts) dans laquelle sont entreposés aujourd'hui encore du café et des épices rares, des spécialités exotiques et de superbes tapis orientaux. Cet impressionnant quartier aux maisons de briques a été construit dans la zone franche du port à la fin du 19ème siècle, lorsque Hambourg s'intègre au territoire douanier du Reich allemand.

Ein Märchenschloß in Deutschlands Norden ist das Schweriner Schloß, im 19. Jahrhundert im historisierenden Stil erbaut und prachtvoll ausgestattet. Hier residierten bis 1918 die mecklenburgischen Herzöge. Schwerin erhielt mit der Neugründung des Bundeslandes Mecklenburg-Vorpommern die Krone zurück: Es konnte sich im Streit um die Hauptstadtfrage gegen Rostock, die große Rivalin an der Ostseeküste, durchsetzen.

A fairy-tale castle of north Germany is to be found in Schwerin, built in historical style in the 19th century and luxuriously furnished. Until 1918, the dukes of Mecklenburg resided here. With the reestablishment of the federal state of Mecklenburg-Vorpommern Schwerin regained its crown: Schwerin defeated its rival for capital city status, the Baltic port of Rostock, and is now the seat of the Land government.

Le Château de Schwerin, un château féerique au Nord de l'Allemagne, a été construit au 19ème siècle dans un style historique et pompeusement aménagé. Servant de résidence aux Ducs du Mecklenbourg jusqu'en 1918, il est aujourd'hui envahi par les touristes. Avec la formation du nouveau Land Mecklembourg-Cispoméranie, Schwerin a retrouvé sa couronne en reprenant ses droits de capitale à sa grande rivale Rostock, située sur les bords de la Baltique.

Anregend und ein wenig melancholisch ist die Ausstrahlung der Hafenstadt Rostock mit ihren Anlagen an der Warne. Auch hier prägen, wie in Lübeck und Stralsund, mächtige mittelalterliche Backsteinbauten das Bild. Rostocks Blütezeit liegt lange zurück: Zu Zeiten der Hanse war die Stadt dank ihres regen Seehandels, in erster Linie mit Skandinavien, ein bedeutendes Wirtschaftszentrum; später entstand hier eine Werftindustrie.

The impression created by the port of Rostock with its facilities on the banks of the Warne is fascinating and almost melancholy in character. As in Lübeck and Stralsund, mighty redbrick buildings are typical elements. Long ago, Rostock was at the height of its prosperity. In Hanseatic times, the city was an important center of commerce thanks to its maritime trade, especially with Scandinavia; in later time, dockyards predominated.

Le centre portuaire de Rostock offre une image presque mélancolique avec ses quais au bord de la Warne. Comme à Lubeck et à Stralsund, d'imposantes constructions moyenâgeuses en briques caractérisent la ville. L'époque florissante de Rostock est lointaine puisqu'elle remonte à celle de la Hanse qui en avait fait un centre économique important grâce à son commerce maritime avec les pays scandinaves surtout. Elle se consacre plus tard à la construction navale.

Kann man sich einen romantischeren Ort in Deutschland vorstellen als die Kreideküste von Rügen mit ihren bizarren, von Meer und Wetter ausgewaschenen Felsgebilden? Dem Urlauber hat Rügen, mit 926 Quadratkilometern die größte deutsche Insel, noch weit mehr zu bieten als diesen beeindruckenden Anblick, der Caspar David Friedrich zu einem seiner schönsten Gemälde inspirierte: kieferngesäumte Dünenstrände, Badeorte von altmodischem Flair, weite Buchenwälder, in sanftgewellte Hügellandschaften eingebettete Binnengewässer.

Are more romantic regions imaginable in Germany than the chalk cliffs of Rügen with their bizarre rock formations sculpted by weather and sea? Rügen, with its 926 square kilometers Germany's largest island, offers any vacationer much more than the impressive scenery which inspired Caspar David Friedrich to one of his most beautiful paintings. Dune beaches are framed by conifers, bathing spas of old-fashioned flair, extensive beech forests, lakes imbedded in softly sloping hills.

Peut-on imaginer un endroit plus romantique en Allemagne que les côtes crayeuses de Rügen avec leurs configurations rocheuses bizarres marquées par les vents et marées ? L'île de Rügen, la plus grande d'Allemagne avec ses 926 km², offre plus encore aux touristes que cette vue impressionnante qui a servi d'inspiration à Caspar David Friedrich pour ses plus belles peintures : des plages aux dunes plantées de pins, des bains agréablement démodés, de vastes forêts de hêtres et des plans d'eau entourés de collines aux pentes douces.

In der Lüneburger Heide: Was wie ein letztes Reservat natürlicher Landschaft erscheint, ist ein Werk des Menschen. Die einst hier wachsenden Wälder wurden gerodet, so daß das sonnenhungrige Heidekraut auf dem nährstoffarmen Sandboden gedeihen konnte. Die Heidschnucken, die Landschafe dieser Gegend, taten ein übriges. Nur den Wacholder mit seinen stechenden Nadeln verschmähen sie. Bis zu zwölf Meter hoch ragen die dunklen säulenförmigen Sträucher in den Himmel.

In the Lüneburg Heath. Seemingly one of the last natural reserves of landscapes, it is yet a creation of human beings. The forests, which once prospered in the area, were felled to the benefit of the heather hungering for sunlight on the not very nutritious sandy grounds. The sheep of the area, accomplished the finishing touch. They only dislike the needle-pointed juniper. These dark pillar-shaped shrubs sometimes attain a height of up to twelve meters.

Dans les Landes de Lunebourg, ce qui apparaît comme étant l'un des derniers témoins d'un paysage naturel est l'oeuvre des hommes. Les forêts qui couvraient la région ont été abattues pour permettre à la bruyère affamée de soleil de pousser sur ce sol sablonneux. La race typique des moutons de la région a veillé à ce que la forêt ne repousse jamais en broutant les plants. Elle n'a fait grâce qu'aux genévriers épineux dont les arbustes sombres en forme de piliers s'élèvent vers le ciel jusqu'à une hauteur de douze mètres.

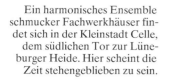

Ein harmonisches Ensemble schmucker Fachwerkhäuser findet sich in der Kleinstadt Celle, dem südlichen Tor zur Lüneburger Heide. Hier scheint die Zeit stehengeblieben zu sein.

A harmonic ensemble of lovely half-timbered houses is to be found in the small city of Celle, the southern port of the Lüneburger Heide. Here, time seems to have stood still.

La petite ville de Celle, porte sud ouverte sur les Landes de Lunebourg, offre un ensemble harmonieux et ravissant de maisons en colombages. Elle donne l'impression que le temps s'y est arrêté.

Morgenstimmung im Harz, dem nördlichsten deutschen Mittelgebirge. Die Landschaft erhält durch dichte Fichtenwälder und über Felsen springende Flüßchen ihren lieblichen Reiz. Unheilvoll aber geht es auf dem höchsten Gipfel, dem Brocken, zu. Hier versammeln sich der Sage nach in der Walpurgisnacht die Hexen zu ihren Tänzen. So wurde der Harz auch zum literarischen Ort, aufzuspüren in Goethes „Faust" und Heines „Harzreise".

The atmosphere of the morning in the Harz, the northernmost mountain range in Germany. The landscape's loveliness is enhanced by the dense spruce forests and rivulets splattering down rock formations. Yet dread reigns the highest peak, called the Brocken. According to legend, the witches congregate here for their dance in Walpurgis night. Thus the Harz inspired literary achievements such as are to be found in Goethe's "Faust" and Heine's "Harz journey".

Petit matin dans le Harz situé à l'extrême nord des montagnes centrales d'Allemagne. Ce sont les épaisses forêts de sapins et les ruisseaux courant entre les rochers qui font le charme de son paysage. Le sommet élevé du Brocken s'entoure cependant de mystère. Selon la légende, c'est ici que se retrouvaient les sorcières pour un bal nocturne précédant la fête du Saint Walpurgis. Le Harz a ainsi pris place dans la littérature, cité par Goethe dans "Faust" et Heine dans le "Voyage dans le Harz".

„Roland der Riese am Rathaus zu Bremen" — über zehn Meter ist er hoch und bald sechshundert Jahre alt. Solche Standbilder von barhäuptigen Rittern mit bloßem Schwert standen einst auf vielen Marktplätzen norddeutscher Städte. Warum sie errichtet wurden und was sie versinnbildlichen sollen, ist der Wissenschaft bis heute nicht bekannt. Die Bremer aber sind sich sicher: Ihr Roland sorgt dafür, daß das kleinste deutsche Bundesland eine Freie Stadt bleibt.

"Roland the Giant in front of the Rathaus in Bremen" — he is over ten meters tall and almost six hundred years old. In former times, such statues of bald-headed knights boasting an unsheathed sword were commonplace on many market squares of North German towns. As of yet, historians have been unable to solve the riddle of reason and purpose of their erection. But the inhabitants of Bremen are sure of one thing: Their Roland ensures that the smallest federal state retains its status as a Free City.

"Roland le Géant devant l'Hôtel de Ville de Brème" - Il mesure plus de dix mètres et aura bientôt 600 ans. Les statues de ces chevaliers barbus portant une épée dégainée ont souvent orné les places de marchés des villes du Nord de l'Allemagne. Personne n'a encore réussi à expliquer leur raison d'être. Pourtant, les Brèmois sont convaincus : leur Roland veille à ce que le plus petit Land de l'Allemagne reste une ville libre.

Münsterland — das Land der Wasserschlösser. Eines der besterhaltenen ist Burg Vischering in Lüdinghausen, deren älteste Gebäudeteile aus dem 15. Jahrhundert stammen. Ein kompliziertes Wall- und Grabensystem schützt die auf zwei Inseln gelegenen Gebäude, in denen einst die Familie Droste zu Vischering residierte. Heute beherbergt die Burg das Münsterlandmuseum.

Münsterland is a region of moated castles. One of the best kept is Castle Vischering in Lüdinghausen, the oldest part of which dates from the 15th century. A complicated system of walls and ditches guards the buildings erected upon two islands, in which the family Droste of Vischering used to reside. Today, the castle is the Münsterland Museum.

Munsterland - le pays des châteaux d'eaux. La forteresse de Vischering à Ludinghausen est la mieux conservée et ses bâtiments les plus anciens datent du 15ème siècle. Un système compliqué de remparts et de fossés protègent les habitations construites sur les deux îles et où vivait autrefois la famille Droste de Vischering. La forteresse abrite aujourd'hui le musée de Munsterland.

Stahlarbeiter im Ruhrgebiet, das seit Mitte des 19. Jahrhunderts binnen weniger Jahrzehnte zum größten industriellen Ballungsraum Europas heranwuchs. Die Zeit aber, als Fördertürme und Hüttenwerke noch das Stadtbild jeder größeren Gemeinde im Revier bestimmten, ist vorbei. Die ganze Region steht vor der Aufgabe, den Strukturwandel mit all seinen schmerzlichen Folgen gemeinsam zu bewältigen. Den vielgeschmähten „Kohlenpott" verlassen wollen jedoch nur wenige; auch hier hat sich ein Heimatgefühl entwickelt.

Steelworkers of the Ruhr, which developed into the greatest industrial center of Europe within a few decades. But the times are gone in which pithead frames and smelting works influenced every larger community of the region. Now the whole region faces the problem of coping with the structural changes, however hard they may be. But few want to leave the much-malignet "Kohlenpott". Here too, a sort of patriotic feeling has developed.

Métallurgiste de la Ruhr, région qui, dès la moitié du 19ème siècle et en l'espace de quelques décennies seulement, est devenue la zone industrielle la plus importante d'Europe. Pourtant, l'époque de l'extraction du charbon et de l'industrie métallurgique marquant la destinée des grandes villes est révolue. Toute la contrée se voit confrontée à des problèmes de restructuration et leurs douloureuses conséquences. Et rares sont ceux qui désirent quitter ce "trou charbonneux", car ils sentent, eux aussi, battre leurs coeurs pour la patrie.

Wer Deutschland besucht, muß auch den Kölner Dom gesehen haben. Generationen von Architekten waren am Bau des gewaltigen zweitürmigen Gotteshauses beteiligt: 1248 segnete Erzbischof Konrad von Hochstaden den Baubeginn, und erst 1880 wurde die Vollendung des Werks im Beisein von Kaiser Wilhelm I. glanzvoll gefeiert. Das in unmittelbarer Nähe des Doms gelegene neue Wallraff-Richartz-Museum mit seinen Sheddächern bildet seit 1986 einen reizvollen Kontrast.

A must for any visitor to Germany is Cologne Cathedral. Generations of architects were associated with the building of the tremendous twin-spire church: In 1248, Archbishop Konrad of Hochstaden blessed the start of construction, and finally, in 1880 and in presence of Kaiser Wilhelm I, the conclusion of this project was honored with a grand festivity. The new Wallraff-Richartz Museum with its shed roofs is situated in the immediate vicinity of the cathedral and has provided a fine contrast since 1986.

Si l'on visite l'Allemagne, il faut voir la Cathédrale de Cologne. Ce sont des générations entières d'architectes qui ont participé à la construction de cette Maison de Dieu imposante avec ses deux tours. C'est en 1248 que l'Archevêque de Hochstaden bénit la pose de la première pierre et en 1880 seulement que l'inauguration de l'ouvrage est pompeusement fêtée en présence de l'Empereur Guillaume 1er. Le nouveau musée Wallraff-Richartz, avec ses toits découpés et situé à proximité de la cathédrale, présente depuis 1986 un contraste fascinant.

Ihre unzugängliche Lage auf steilen Felsen — noch heute ist sie nur zu Fuß erreichbar — schützte Burg Eltz in der Eifel vor kriegerischer Zerstörung. So blieb uns die wohl eindrucksvollste mittelalterliche Burganlage Deutschlands — im 12. bis 16. Jahrhundert erbaut — erhalten.

Mounted inaccessibly upon precipitous rocks — even today, it is only possible to reach it by foot — Castle Eltz in the Eifel was safe from destruction in war. Thus one of the most impressive castles of the Middle Ages — it was constructed in the 12th until 16th centuries — has been preserved until today.

Sa position imprenable sur des rochers escarpés a protégé la forteresse de Eltz dans l'Eifel des assauts guerriers. On ne peut s'y rendre qu'à pied aujourd'hui encore. C'est ainsi que le plus beau et le plus imposant site moyenâgeux - construit entre le 12ème et le 16ème siècle - de l'Allemagne a pu être conservé.

Der „Weinfluß" Deutschlands
ist nicht der legendäre, ruhig da-
hinfließende Rhein, sondern die
windungsreiche Mosel mit ihren
bis zu 65 Grad steilen Weinber-
gen, an denen der Riesling besonders gut gedeiht.

The „wine river" of Germany is
not the legendary, serenely
flowing Rhine, but the
serpentine Mosel with its up to
65 degree steep vineyards, upon
which the Riesling thrives
especially well.

Le "Fleuve des vins" en
Allemagne n'est pas le Rhin
légendaire au cours tranquille,
mais bien la tortueuse Moselle
dont les rives aux pentes raides
sont couvertes de vignobles où
le Riesling mûrit
particulièrement bien.

Die Saar, in den Vogesen ent-
sprungen, mündet nach 246 Kilometern bei Konz in die Mosel.
Auch sie kann, wie die Mosel
von Hügeln und Bergen behin-
dert, nicht den geraden Weg ge-
hen. Bei Mettlach macht sie ihre
eindrucksvollste Schleife.

The Saar, which has its source
in the Vosges, flows into the
Mosel at Konz 246 kilometers
away. Like the Mosel, it is
serpentine due to the hills and
mountains in its way. Its most
impressive curve is at Mettlach.

La Sarre, qui prend sa source
dans les Vosges, rejoint la
Moselle à Konz après un
parcours de 246 kilomètres.
Obligée, elle aussi, de
contourner montagnes et
collines, elle louvoie et forme sa
boucle la plus grandiose près de
Mettlach.

Burg Gutenfels oberhalb von
Kaub ist eine der unzähligen
Burgen, die das Ufer des Rheins
zwischen Mainz und Bonn säu-
men. Mit dem Bau der zinnen-
gekrönten Wehranlage wurde
um 1200 begonnen. Die Burg
wirkt von weitem wie eine Ruine, doch der Eindruck täuscht:
Heute ist in dem Bau ein modernes Hotel untergebracht.

Castle Gutenfels above Kaub is
one of the numerous castles
upon the banks of the Rhine
between Mainz and Bonn. The
construction of its battlements
commenced about 1200. From
afar, the castle looks like a ruin,
but the impression is wrong.
Today, it houses a modern
hotel.

Gutenfels, au-dessus de Kaub,
est l'un des innombrables
châteaux essaimés sur les rives
du Rhin entre Mayence et Bonn.
La construction de cette
forteresse couronnée d'étain a
débuté en 1200 environ. Vue de
loin, elle ressemble à une ruine.
Mais l'impression trompe car
elle abrite aujourd'hui un hôtel
moderne.

Blick von der Alten Brücke auf
die Skyline von Frankfurt. Die
Stadt, in der einst die deutschen
Kaiser und Könige gekrönt
wurden, in der sich 1848 in der
Paulskirche das erste deutsche
Parlament versammelte, ist politisch bedeutungslos geworden.
Die Mainmetropole ist heute
die Stadt der Banken, Messen
und — neuerdings — Museen.

A view of the Frankfurt skyline
from the Alte Brücke over the
Main. The city where German
kings and emperors used to be
crowned and the first German
parliament met in the
Paulskirche in 1848 is no longer
of political importance. Today
the metropolis on the banks of
the River Main is a city of
banks, trade fairs and, of late,
museums.

Vue du Vieux Pont sur l'horizon
de Francfort. Cette ville, qui a
vu autrefois le couronnement de
rois et d'empereurs et dans
laquelle s'est réunie en 1848 la
première Assemblée nationale
allemande à l'Eglise
Paulskirche, a perdu toute
importance politique. La
métropole au bord du Main est
aujourd'hui le centre des
banques, des salons et
expositions et depuis peu, des
musées également.

Blick über die Neckarbrücke auf die Altstadt von Heidelberg und das auf einem Vorsprung des Königsstuhls gelegene Schloß. Die auf eine mittelalterliche Burg zurückgehende Anlage wurde Ende des 17. Jahrhunderts während des Pfälzischen Erbfolgekrieges verwüstet und knapp ein Jahrhundert später durch einen Blitzschlag in den Pulverturm noch weiter zerstört. Erst als malerische Ruine wurde sie zum Symbol deutscher Burgenromantik.

A view from the Neckar bridge of the old town of Heidelberg and the castle high up on the hill. The castle, which dates back to a medieval fortress, was ravaged at the end of the 17th century during the hereditary wars of the Palatinate and further destroyed a century later, when lightning struck the munition chamber. Only after having been ruined did it become a symbol of German castle romanticism.

Vue du pont sur le Neckar , de la vieille ville de Heidelberg et du château situé sur le promontoire du Königstuhl. Cette forteresse moyenageuse a été ravagée à la fin du 17ème siècle au cours des guerres d'héritages du Palatinat et détruite plus encore par la foudre tombée sur la tour servant de poudrière un siècle plus tard. Ce n'est qu'en tant que ruine pittoresque qu'elle est devenue un symbole du romantisme allemand.

Vereinzelt gelegene große Waldbauernhöfe bestimmen das Bild im Mittleren Schwarzwald. Das reetgedeckte Vogtsbauernhaus findet sich im Freilichtmuseum in Gutach.

Large, isolated forest farmsteads are characteristic of the middle Black Forest. The "Vogtsbauernhaus" is part of the open air museum at Gutach.

L'image de la Forêt-Noire centrale est caractérisée par de grandes fermes entourées de forêts. La ferme au toit de chaume du bailli se trouve au musée en plein air de Gutach.

Inmitten des Alpenvorlandes erstreckt sich in einer geologisch relativ jungen, von den Eiszeiten geformten Landschaft der 538 Quadratkilometer große Bodensee. Der Reiz der Gegend rund um das „Schwäbische Meer" mag dazu beigetragen haben, daß es hier recht früh zu Orts- und Klostergründungen kam. Auch kulturell hat der Bodensee, ob auf Schweizer, österreichischer oder deutscher Seite, daher einiges zu bieten.

In the middle of the forelands of the Alps in a geologically relatively young region formed in the ice age, the 538 square kilometer Lake Constance lies. The lovely area around the "Swabian Sea" may have been a further incentive for the early foundations of towns and abbeys. The Lake Constance also has much to offer people with cultural interests, be it on Swiss, Austrian, or German territory.

Le lac de Constance, avec sa superficie de 538 km², s'étend au milieu des Préalpes, dans une région marquée par l'époque glaciaire et donc relativement jeune sur le plan géologique. Peut-être est-ce le charme de l'endroit, entourant la "Mer de Souabe", qui a voulu la fondation précoce de cloîtres et de communes. Que ce soit sur les rives suisses, autrichiennes ou allemandes, la région offre grand nombre de sites culturels.

Mespelbrunn, das berühmte Wasserschloß im waldreichen Bergland des Spessart, lädt zum Träumen ein. Die von einem trutzigen Bergfried beherrschte Anlage im Renaissancestil stammt aus dem 16. Jahrhundert.

Mespelbrunn, the famous moated castle in the forest-adorned mountains of the Spessart, is an invitation to dreaming. The defiant structure in the style of the Renaissance was built in the 16th century.

Mespelbrunn, le château d'eau situé dans la région montagneuse du Spessart, invite à la rêverie. Cet édifice de style renaissance construit au 16ème siècle était occupé par un défenseur des montagnes.

Jahr um Jahr wird seit 1811 sechzehn Tage lang auf der Wies'n in München das Oktoberfest gefeiert. Wer Bierseligkeit schätzt, fühlt sich auf diesem beliebtesten Volksfest in ganz Deutschland wohl.

Since 1811, the Oktoberfest has been annually celebrated for sixteen days on the Wies'n in Munich. Beerlovers enjoy themselves at the most popular of German festivities.

Depuis 1811, Munich fête chaque année pendant seize jours son "Oktoberfest" (Les fêtes d'octobre) sur la Wies'n. Celui qui sait apprécier la bière et l'ambiance de cette fête populaire se sent chez lui dans toute l'Allemagne.

Schloß Nymphenburg in München, eine der schönsten barokken Schloßanlagen Europas, ist nicht von ungefähr nach den Fruchtbarkeit spendenden Naturgottheiten benannt: Als die bayerische Kurfürstin Henriette Adelaide 1662 endlich den ersehnten Thronfolger zur Welt brachte, versprach ihr der glückliche Vater, Kurfürst Ferdinand Maria, den Bau einer Sommerresidenz. 1739 war mit der Fertigstellung des Lustschlosses Amalienburg die Nymphenburger Anlage vollendet.

The name of Nymphenburg Castle in Munich, which is one of the most beautiful in Europe, was not derived from the old gods of fecundity by accident: When the Bavarian electoral duchess Henriette Adelaide finally gave birth to the desired heir to the throne in 1662, the happy father, electoral duke Ferdinand Maria, promised to build her a summer residence. In 1739, the recreational castle Amalienburg, and thus, Nymphenburg as a whole, was completed

Le Château des Nymphes à Munich, l'une des plus belles constructions baroques d'Europe, ne porte pas en vain le nom des déesses de la fécondité. Lorsque l'Electrice de Bavière Henriette Adelaide mit enfin au monde le successeur au trône en 1652, l'heureux père Ferdinand Maria promit à sa femme de faire construire une résidence d'été. C'est en 1739 que le pavillon d'amour Amalienbourg est terminé et complète ainsi l'ensemble du Château des Nymphes.

Bayern putzt sich heraus: Das Einhaus mit den sorgfältig restaurierten Holzbalkonen und der typischen zarten Fassadenmalerei steht in Finsterwald am Tegernsee, einem der schönsten Seen am Alpennordrand.

Bavaria is making itself beautiful: This house with its carefully restored balconies of wood and its typical filigree facade paintings is in Finsterwald on Tegernsee, one of the most beautiful lakes on the north edge of the Alps.

La Bavière se fait une beauté: la petite maison aux balconnets de bois soigneusement restaurés et ses peintures de façade typiques se trouvent sur le bords du Tegernsee, l'un des plus jolis lacs dans le nord des Alpes.

Bayern wie im Bilderbuch: Ein Zwiebelturm-Kirchlein wagt sich gegen die schroffe Wand des Wettersteingebirges zu behaupten. Die höchste Erhebung Deutschlands, die 2.962 Meter hohe Zugspitze, liegt in diesem zu den Nördlichen Kalkalpen gehörenden Gebirgszug.

Bavaria as in a picture book: A small, onion-shaped church takes on the rough wall of the Wetterstein. The tallest mountain in Germany, the Zugspitze, 2.962 meters, is a part of the mountain range belonging to the northern chalk Alps.

La Bavière comme dans un livre d'images : une petite église surmontée d'un bulbe se dresse courageusement devant la paroi rocheuse du Wetterstein. La montagne la plus haute d'Allemagne, la Zugspitze, avec son altitude de 2962 mètres, fait partie de cette chaîne calcaire des Alpes.

Die Wartburg bei Eisenach:
Hier suchte 1521/1522 Martin
Luther, der wegen seiner 95
Thesen gegen den Ablaßhandel
von Kirchenbann und Reichs-
acht bedroht war, Zuflucht vor
seinen Verfolgern. Nur elf Wochen brauchte der Reformator,
um in der Abgeschiedenheit der
„Schutzhaft" das Neue Testament ins Deutsche zu
übertragen.

The Wartburg at Eisenach:
Here Martin Luther, who was
excommunicated because of his
95 theses, found shelter in
1521/1522. The reformer took
only eleven weeks in the
solitude of his "protective
custody" to translate the New
Testament into German.

Wartbourg près de Eisenach :
C'est ici que Martin Luther,
menacé d'excommunication à la
suite de la publication de ses 95
thèses contre les indulgences et
de traîtrise face à l'Empire,
trouve refuge de 1521 à 1522
devant ses poursuivants. Durant
cette claustration "protectrice",
il n'a besoin que de onze
semaines pour traduire le
Nouveau Testament en langue
allemande.

Dresden, die Hauptstadt des
neuen Bundeslandes Sachsen,
ist gleich doppelt begünstigt:
durch die geographische Lage
an einer sanften Biegung der Elbe und durch ihre Kunstschätze
und Bauten, die ihr den Beina-
men „Elbflorenz" eingetragen
haben. In der
Barockzeit, als August der Starke sächsischer Kurfürst war,
konnte sie mit Fug und Recht
den Titel „Kulturmetropole Europas" für sich beanspruchen.

Dresden, capital of the new
federal state of Saxony, is twice
favored: for one, by its
geographical location in a soft
curve of the Elbe, and, for
another, by the works of art and
buildings thanks to which it was
also called "Florence of the
Elbe". In the time of the
baroque, when Augustus the
Strong was electoral duke, it
was truly entitled to the title
"cultural center of Europe".

Dresde, la capitale du nouveau
Land de la Saxe, profite de deux
avantages : sa situation
géographique dans un contour
de l'Elbe et ses édifices remplis
d'oeuvres d'art qui lui confèrent
le titre de la "Florence des bords
de l'Elbe". A l'époque baroque,
gouvernée par Auguste le Fort,
Electeur de Saxe, elle se donne
à juste droit, le titre de
"métropole culturelle de
l'Europe".

Blick von der Bastei im Elbsandsteingebirge auf die
Elbe. Die zerklüftete Felsland-
schaft inspirierte den Schrift-
steller Karl May zu seinen
Abenteuerromanen: Wildwest
in Sachsen.

A view from the Bastei of the
sandstone formations of the
Elbsandsteingebirge
and the Elbe. The ragged, rocky
landscape inspired Karl May for
his adventure novels: the Wild
West in Saxony.

Vue du bastion situé sur les
montagnes dites Elbsandstein
sur les bords de l'Elbe. Cette
contrée rocheuse inspire
l'écrivain Karl May pour ses
romans d'aventures décrivant le
L'Ouest sauvage de la Saxe.

Der mittelalterliche Dom be-
herrscht die Silhouette von
Magdeburg. Heute ist die
Hauptstadt des Bundeslandes
Sachsen-Anhalt ein wichtiger
Verkehrsknotenpunkt zu Wasser, wie der bedeutende Binnen-
hafen bezeugt. Hier kreuzen
sich Elbe, Mittelland- und El-
be-Havel-Kanal.

The medieval cathedral
characterizes the skyline of
Magdeburg. Today, the capital
of the federal state of
Saxony-Anhalt is an important
center of water traffic, as is
obvious by its port. Here, the
Elbe, the Mittellandkanal, and
the Elbe-Havel Canal meet.

La silhouette de Magdebourg
est dominée par sa cathédrale
moyenâgeuse. Cette ville,
devenue capitale du Land de la
Saxe-Anhalt, est un point de
convergence fluviale important,
comme le prouve son port
important. En effet, c'est ici que
se croisent l'Elbe, le canal de
Mittelland et le canal entre la
Havel et l'Elbe.

Wernigerode, die am nördlichen Rand des Harzes gelegene Kleinstadt, weist ein anmutiges Ensemble von Fachwerkbauten aus dem 15., 16. und 17. Jahrhundert auf. Besonders schmuck restauriert ist das um 1420 erbaute Rathaus.

Wernigerode, a small town situated on the northern periphery of the Harz, has a graceful ensemble of half-timbered houses dating from the 15th, 16th, and 17th centuries. The Rathaus, built in 1420, has been especially well restored.

Wernigerode, une petite ville située à la frontière nord du Harz, présente un ensemble charmant de maisons construites en colombages datant des 15ème, 16ème et 17ème siècles. L'Hôtel de Ville édifié en 1420, est restauré de manière particulièrement réussie.

Schloß Sanssouci in Potsdam, ein Meisterwerk des friderizianischen Rokoko. Georg Wenzel von Knobelsdorff schuf 1745 – 1747 einen Bau von vollendeter Harmonie und spielerischer Leichtigkeit, der König Friedrich dem Großen als Sommerresidenz dienen sollte. Heute zieht das von einem großzügigen Park umgebene Schlößchen Millionen von Besuchern an.

Sanssouci Castle in Potsdam, is a masterpiece of Friderician Rococo. In 1745 – 1747, Georg Wenzel von Knobelsdorff created a building of complete harmony and playful lightness which was to serve as summer residence for Frederick the Great. Today, the castle, surrounded by spacious park facilities, attracts millions of visitors.

Le Château de Sanssouci à Potsdam est un chef d'œuvre du style rococo. Georg Wenzel de Knobelsdorff en assure la construction de 1745 à 1747, un édifice plein d'harmonie et légèreté, qui devait servir de résidence d'été à Frédéric le Grand. Aujourd'hui, le petit château entouré d'un vaste parc attire des millions de visiteurs.

In einer feuchten Niederung in der Niederlausitz erstreckt sich der Spreewald, eines der größten Naturschutzgebiete in Deutschlands Osten. Hier teilt sich die Spree in mehrere Arme und bietet, zusammen mit unzähligen weiteren kleinen Flüssen, ein Paradies für Kahnfahrer: Sie können auf zweihundert Kilometern Länge die Gegend zu Wasser durchqueren.

The Spreewald lies in a marsh area in Niederlausitz, one of the largest national parks in the east of Germany. Here, the Spree divides into a multitude of riverlets and is thus, along with other small rivers of the area, a paradise for boating. One can traverse the area on two hundred kilometers of waterways.

La Spreewald (Forêt de la Spree), l'un des plus grands parcs naturels protégés de l'est de l'Allemagne, s'étend dans une vallée humide près de Niederlausitz. La rivière Spree se divise en plusieurs bras et forme, avec d'innombrables autres petits cours d'eau, un paradis pour les rameurs : ils peuvent s'en donner à coeur joie sur une distance de deux cents kilomètres.

Die Gedächtniskirche in Berlin, 1891–1895 zu Ehren von Kaiser Wilhelm I. erbaut und 1943 von Bombenangriffen schwer beschädigt, an vieles kann sie uns erinnern: an deutsches Weltmachtstreben, an Krieg und Zerstörung, an die darauf folgende Teilung von Staat und Stadt. Berlin, nun wieder Hauptstadt des vereinten Deutschlands, ist noch von den Wunden der Vergangenheit gezeichnet.

The Gedächtniskirche in Berlin, built in 1891–1895 in honor of Kaiser Wilhelm I, was severely damaged by bombing in 1943. It reminds us of many things: The German desire for power, war and destruction, the ensuing division of state and city. Berlin, once again capital of the now reunited Germany, still shows many scars of the past.

L'Eglise de la Commémoration à Berlin, construite entre 1891 et 1895 en l'honneur de l'Empereur Guillaume 1er et terriblement endommagée par les bombardements de 1943 nous rappelle beaucoup de choses : l'aspiration à la domination mondiale, la guerre et la déstruction, la division de la ville et celle de l'Etat. Berlin, redevenue capitale de l'Allemagne réunifiée, porte encore les stigmates du passé.

Im Osten der neuen Hauptstadt: Der Dom, ein wilhelminischer Prachtbau, spiegelt sich in den getönten Scheiben des Palasts der Republik, wo bis zum März 1990 die Abgeordneten der DDR-Volkskammer tagten. Berlin bleibt, wie das einige Deutschland, ein Ort der Kontraste.

In the east of the new capital, the cathedral, a palatial Wilhelminian building, is mirrored in the stained glass windows of the Palace of the Republic, where the members of the GDR parliament met until March 1990. Berlin remains a place of contrasts, just like the whole of reunited Germany.

A l'est de la nouvelle capitale, la cathédrale, un édifice superbe datant de l'époque de Guillaume. Elle se reflète dans les vitres fumées du Palais de la République derrière les murs duquel les délégués de la Chambre populaire de la République démocratique d'Allemagne tenaient leurs séances. Berlin reste, comme l'Allemagne elle-même, pleine de contrastes.

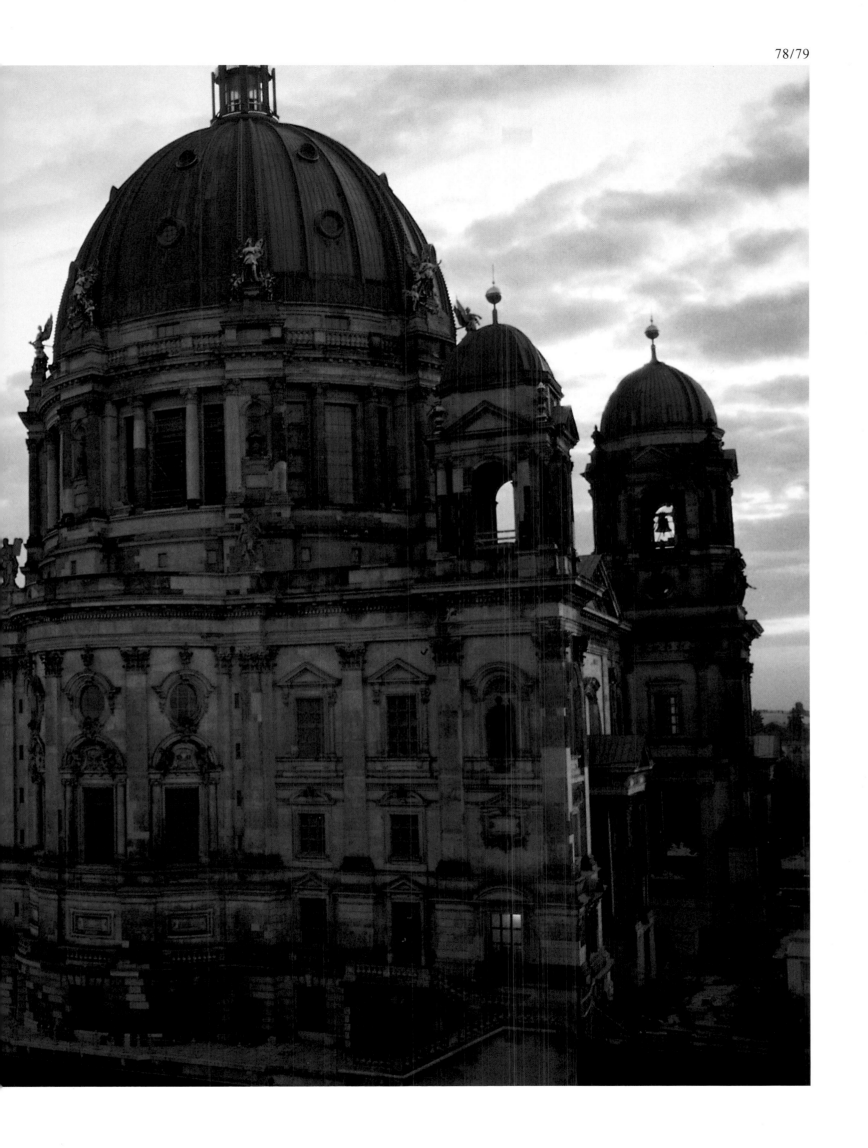

Baden-Württemberg/Baden-Württemberg/Le Bade-Wurtemberg

Fläche: 35.751 km²
Einwohner: 10,0 Millionen
Hauptstadt: Stuttgart (570.000 Einwohner)
Größere Städte: Mannheim (305.000 Einwohner), Karlsruhe (268.000), Freiburg/Br. (185.000), Heidelberg (133.000)
Geographisches: Baden-Württemberg ist Frankreich und der Schweiz benachbart, wobei größtenteils der Rhein die Grenze bildet. An die Oberrheinische Tiefebene schließt sich der Schwarzwald an, ein beliebtes Mittelgebirgs-Erholungsgebiet. Im Süden reicht das Land bis zum Bodensee, auch „Schwäbisches Meer" genannt. Die Hauptstadt Stuttgart liegt inmitten des Neckarbeckens.
Geschichte: Wie der Stauferlöwe im Wappen belegt, versteht sich Baden-Württemberg als Nachfolger des einstigen Herzogtums Schwaben, das unter dem Kaisergeschlecht der Staufer im Mittelalter eine territoriale Einheit war. In der Folgezeit kam es in diesem Gebiet zu einer Zersplitterung in über 600 Herrschaftsgebilde, von denen zu Beginn der Neuzeit allein die Kurpfalz, die österreichischen Vorlande, die hohenlohenschen Fürstentümer, das Fürstbistum Würzburg, die Hohenzollern-Lande, das Herzogtum Württemberg und die badischen Markgrafschaften größere Bedeutung hatten. Mit der Flurbereinigung 1803-1806 verloren alle diese Territorien mit Ausnahme Badens, Württembergs und Hohenzollerns ihre Eigenständigkeit. Die beiden Mittelstaaten, das Königreich Württemberg und das Großherzogtum Baden, standen im 19. Jahrhundert vor der schwierigen Aufgabe, die von unterschiedlichen Traditionen, Konfessionen und ökonomischen Voraussetzungen geprägten Regionen zu einheitlichen Gebilden mit einer modernen, rechtsstaatlichen Verfassung zusammenzufügen. Mit dem Ende der deutschen Monarchie 1918 wurden beide zu Republiken, die nach einer kurzen Zeit der demokratischen Entwicklung 1933 im diktatorischen nationalsozialistischen Einheitsstaat aufgingen.
Das heutige Baden-Württemberg ist das einzige Land, das seine Existenz einer Volksabstimmung verdankt. Die Besatzungsmächte Frankreich und USA hatten 1945 nach Kriegsende in der Region zunächst drei Länder gebildet: Württemberg-Hohenzollern, Württemberg-Baden und (Süd-) Baden. Während sich die Landesregierungen der beiden erstgenannten Länder für die Vereinigung aussprachen, stemmte sich die (süd-)badische Regierung in Freiburg zunächst dagegen, akzeptierte aber dann das Ergebnis der Volksabstimmung vom Dezember 1951, in der die Gesamtbevölkerung der drei Länder mit großer Mehrheit für einen einheitlichen Südweststaat — eben Baden-Württemberg — votierte; in (Süd-)Baden allerdings sprach sich die Mehrheit damals für die Beibehaltung der alten Länder aus.
Erst 1970 wurden die Südbadener in einer Volksabstimmung erneut wegen dieser Frage an die Urnen gebeten. Sie entschieden sich mit 81,9 Prozent für den Fortbestand Baden-Württembergs, das zu diesem Zeitpunkt schon auf eine knapp 20jährige Geschichte zurückblicken konnte.

Area: 35,751 square kilometres
Population: 10.0 million
Capital: Stuttgart (population 570,000)
Principal cities: Mannheim (305,000), Karlsruhe (268,000), Freiburg/Breisgau (185,000), Heidelberg (133,000)
Geography: Baden-Württemberg borders on France and Switzerland, with the Rhine as the greatest part of the border. The lowlands of the upper Rhine region are adjacent to the Black Forest, which is a popular excursion area. Down in the south this state reaches down to Lake Constance, which is also called the "Swabian Sea." The capital Stuttgart is situated in the middle of the Neckar basin.
History: The Hohenstaufen Lion in the coat-of-arms of Baden-Württemberg is proof of the fact that this state sees itself as a successor to the bygone duchy of Swabia, which, in the Middle Ages, was a territorial unit at the time of the Staufen emperors. In the following period this region split into over 600 territories, including the Kurpfalz, an Austrian region, the principalities of Hohenlohe, the grand duchy of Würzburg, the Hohenzollern region, the duchy of Württemberg, and the Baden duchies, to mention those of any importance. Due to the consolidation of 1803-1806 all territories with the exception of Baden, Württemberg, and Hohenzollern lost their sovereignty. The two medium-sized states, the kingdom of Württemberg and the grand duchy of Baden, were confronted with the complicated task of merging regions of different traditions, denominations and economic status into units with a modern constitution in the 19th century. With the fall of the German monarchy in 1918 both became republics, which, after a short period of democratic development, were merged with the unitary National Socialist dictatorship in 1933.
Today's Baden-Württemberg is the only state of Germany that owes its existence to a popular vote. In 1945, after the end of the war, the allies France and the USA at first made three states of the region: Württemberg-Hohenzollern, Württemberg-Baden, and (South) Baden. While the governments of the first two mentioned above had no objections to a merger, the (South) Baden government in Freiburg put up resistance, but, in December 1951, accepted the results of the popular vote, in which the total populace of the three states voted for a united south-western state by a great majority — thus Baden-Württemberg came into being; yet, at that time, the majority of (South) Baden would have preferred to retain the old three states' borders.
Then, in 1970, the people of South Baden were once again asked to vote upon the matter. This time 81.9 per cent decided for the continuing existence of Baden-Württemberg, which, by then, could look back upon almost two decades of history as a unit.

Superficie: 35 751 km²
Nombre d'habitants: 10,0 millions
Capitale: Stuttgart (570 000 habitants)
Villes principales: Mannheim (305 000 habitants), Karlsruhe (268 000), Fribourg-en-Brisgau (185 000), Heidelberg (133 000)
Géographie: Le Bade-Wurtemberg se trouve aux frontières de la France et de la Suisse marquées en grande partie par le Rhin. A l'est de la plaine du Haut-Rhin se situe la Forêt-Noire dont les montagnes offrent des lieux de villégiature prisés. Au sud, le Land s'étend jusqu'au Lac de Constance (dit Mer Souabe). La capitale, Stuttgart, est sise dans le bassin du Neckar.
Histoire: Ainsi que le prouve le lion des Staufen sur son écusson, le Bade-Wurtemberg se considère comme étant le successeur de l'ancien Duché de la Souabe. Celui-ci formait au Moyen-Age une unité territoriale sous les empereurs de la lignée des Staufen. Par la suite, le territoire est morcelé en six cents petits Etats environ. Au début, seuls le Palatinat de l'Electorat, l'avant-pays autrichien, les principautés de Hohenlohe, l'Archevêché de Wurzbourg, les domaines des Hohenzollern, le Duché de Wurtemberg, et les comtés de Bade conservent une certaine importance. Le remembrement qui a lieu entre 1803 et 1806 veut que tous ces Etats perdent leur autonomie, exception faite de la Bade, du Wurtemberg et du Hohenzollern. Au 19ème siècle, les deux Etats de l'Allemagne moyenne, c'est-à-dire le Royaume de Wurtemberg et le Grand Duché de Bade se voient obligés de réunir toutes ces régions marquées par des traditions, des confessions et conditions économiques différentes. Le but de cette tâche est de leur donner une constitution moderne. En 1918, avec la fin de la monarchie allemande, le Royaume de Wurtemberg et le Grand Duché de Bade deviennent des républiques qui, après une courte période de démocratie, s'intègrent au régime national-socialiste en 1933. Le Bade-Wurtemberg est aujourd'hui le seul Land devant son existence à un plébiscite. En 1945, la France et les Etats-Unis en font trois Länder: le Wurtemberg-Hohenzollern, le Wurtemberg-Bade et le Bade-Sud. Alors que les gouvernements des deux premiers votent pour une union, le Bade-Sud et son gouvernement à Fribourg le refuse tout d'abord. Elle accepte pourtant la décision du plébiscite de décembre 1951 par lequel la grande majorité de la population des trois Länder votent pour un seul Etat au sud-ouest de l'Allemagne: le Bade-Wurtemberg. La majorité du Bade-Sud manifeste cependant son désir de garder son indépendance.
Ce n'est qu'en 1970 que l'on demande à nouveau aux habitants de Bade-Sud de donner leur avis. Cette fois-ci, un pourcentage de 81,9 vote en faveur du Land de Bade-Wurtemberg qui, à cette époque, existe déjà depuis vingt ans.

Fläche: 70.554 km²
Einwohner: 11,5 Millionen
Hauptstadt: München (1,23 Millionen Einwohner)
Größere Städte: Nürnberg (495.000 Einwohner),
Augsburg (258.000), Würzburg (128.000), Regens-
burg (122.000)
Geographisches: Bayern ist flächenmäßig das größte deutsche Land. Dank seiner landschaftlichen
Schönheiten — der Alpen mit Garmisch-Partenkirchen und der Zugspitze, des hügeligen Alpenvorlandes mit seinen Seen, der durch das Donautal
davon getrennten Fränkischen Alb sowie des Bayerischen Walds — ist Bayern zu einem beliebten
Ferienziel geworden.
Geschichte: Bayern kann stolz auf eine mehr als
tausendjährige Geschichte verweisen, war doch
bereits im 6. Jahrhundert die Landnahme durch
die Bajuwaren zwischen Lech, Donau und Alpen
vollzogen. Mit der Verleihung des Herzogtums
Bayern an die Wittelsbacher 1180 begann eine
Periode der dynastischen Kontinuität, die erst
1918 mit der Abdankung des letzten Bayernkönigs
Ludwig III. endete. In dieser Zeit erlebte Bayern
eine Reihe einschneidender, auch geographischer
Veränderungen. Erst mit der — im Bündnis mit
Napoleon durchgesetzten — Erhebung zum
Königreich 1806 kamen (bis 1813) zu Altbayern
die fränkischen und schwäbischen Gebiete hinzu,
die noch heute zu Bayern gehören; diese Regionen
waren zuvor in eine Reihe weltlicher und geistli-
cher Territorien zerfallen.
Das nun geeinte Land wurde von den Wittelsbacher Königen nach zentralistischen und absoluti-
stischen Prinzipien straff verwaltet. Der im Revo-
lutionsjahr 1848 an die Macht gekommene König
Maximilian II. begünstigte liberale und soziale
Reformen. Sein Sohn ist der „Märchenkönig" Ludwig II., der Schloß Neuschwanstein bauen ließ und
seinem Leben in geistiger Umnachtung durch
Ertränken im Starnberger See selbst ein Ende setzte.
Mit der Gründung des Deutschen Kaiserreichs
1871 verlor Bayern wichtige Kompetenzen an die
Zentralregierung in Berlin. Finanzen, Verkehr,
Kultur, Justiz, Soziales und Verwaltung blieben
jedoch Landessache. Als mit dem deutschen Kaiser in Berlin auch der Bayernkönig in München
nach dem ersten Weltkrieg abdanken mußte, entstand der „Freistaat Bayern" mit dem Volk als Sou-
verän. Nach einem kurzen Zwischenspiel zweier
sozialistischer Räterepubliken im Frühjahr 1919
setzte sich mit Unterstützung der Reichsregierung
der gewählte Landtag als Volksvertretung durch.
In die Zeit galoppierender Inflation fiel Hitlers
Putsch-Versuch von 1923. Während der nationalsozialistischen Diktatur verlor Bayern alle eigen-
staatlichen Befugnisse.
Nach 1945 wurde das Land Bayern — allerdings
ohne die Pfalz — von der amerikanischen Besat-
zungsmacht wiederhergestellt. Als einziges Lan-
desparlament versagte dem bayerische Landtag
1949 dem Grundgesetz der neugeschaffenen Bundesrepublik Deutschland die Zustimmung, da es
seiner Ansicht nach die Rechte der Länder zu stark
einschränkte; die Verbindlichkeit der Verfassung
wurde jedoch bejaht. Bayern versteht sich aufgrund seiner fast eineinhalbtausendjährigen
Geschichte als Verfechter des Föderalismus in
Deutschland und Europa. In dem europäischen
Einigungsprozeß tritt der Freistaat für ein Europa
der Regionen ein, in dem Föderalismus und Subsi-
diarität das Maß für Struktur und Handlung lie-
fern.

Area: 70,554 square kilometres
Population: 11.5 million
Capital: Munich (population 1.23 million)
Principal cities: Nuremberg (495,000), Augsburg
(258,000), Würzburg (128,000), Regensburg
(122,000)
Geography: In area Bavaria is the largest German
state. Thanks to its beautiful countryside, the Alps
with Garmisch-Partenkirchen and the Zugspitze,
the Alpine foothills with their lakes, the Franconian Alps, separated from the other regions by the
Danube valley, as well as the Bavarian Forest,
Bavaria has developed into a popular holiday
region.
History: Bavaria can proudly look back upon a history of over 1,000 years. The Bavarians settled in
the area bordered by the Lech, the Danube and the
Alps in the sixth century AD. Ever since the duchy
of Bavaria was enfeoffed to the Wittelsbachs in
1180, a period of dynastic continuity was ensured,
ending in 1918, when the last of the Bavarian kings,
Ludwig III, abdicated. In the course of this time,
Bavaria was put through a series of incisive, partly
geographical changes. Only by being elevated to
the status of a kingdom in 1806 — by means of an
alliance with Napoleon — did the original Bavaria
gain (until 1813) the regions of Franconia and
Swabia, which still belong to Bavaria; before, these
regions had degenerated into a multitude of secu-
lar and ecclesiastically administered territories.
The now united land was strictly ruled by the Wittelsbach Kings according to centralist and absolut-
ist principles. Maximilian II, who was crowned in
the year of the revolution, 1848, was a king who furthered liberal and social reforms. His son was the
"fairy-tale king" Ludwig II, who built Neuschwanstein Castle and put an end to his life during
a period of insanity by drowning himself in Lake
Starnberg.
With the foundation of the German Empire in
1871, Bavaria lost important fields of competence
to the central government in Berlin. However, fin-
ance, transport, culture, justice, social matters, and
administration remained domains of the Bavarian
state. After the monarch of Bavaria was forced to
abdicate along with the German Kaiser in Berlin
after the First World War, Bavaria became a republic, with its people as sovereign. After a short inter-
mezzo of two socialist soviet-style republics
("Räterepubliken") in the spring of 1919, an
elected state parliament as representative of the
people was able to establish itself successfully —
with help of the Reich government. Hitler's 1923
attempted putsch took place at a time of galloping
inflation. Under the Nazis Bavaria forfeited its
authority as a sovereign state.
The American occupation authorities re-established Bavaria, but without the Palatinate, after
1945. The only state parliament of the newly created Federal Republic of Germany to deny accept-
ance of the constitution in 1949 was the Bavarian
state assembly, since it was of the opinion that it did
not ensure enough sovereignty for the member
states of the federation; the obligations of the constitution were however accepted. As a result of its
almost one and a half thousand years of history, it
goes without saying that Bavaria is a champion of
federalism in Germany and Europe. In the process
of European unification it stands for a Europe of
the regions in which federalism and subsidiarity
provide the yardsticks for both structure and
action

Superficie: 70 554 km²
Nombre d'habitants: 11,5 millions
Capitale: Munich (1 230 000 habitants)
Villes principales: Nuremberg (495 000 habitants),
Augsbourg (258 000), Wurzbourg (128 000),
Regensbourg (122 000)
Géographie: La Bavière est le Land ayant la plus
grande superficie en Allemagne. La beauté de ses
paysages en fait un but de vacances privilégié com-
posé par les Alpes avec Garmisch-Partenkirchen,
la Zugspitze, les préalpes vallonnées avec leurs
lacs, le Jura franconien qui en est séparé par la vallée du Danube ainsi que la Forêt de Bavière.
Histoire: On peut remonter le cours de l'histoire de
la Bavière sur 1000 ans. Au 6ème siècle déjà, les
Bajuvares ont terminé leurs conquêtes territoriales
entre le Lech, le Danube et les Alpes. L'attribution
du Duché de Bavière aux Wittelsbach en 1180 marque le début d'une dynastie constante qui ne
s'éteint qu'en 1918 avec l'abdication du roi Louis
III. Durant ces siècles, la Bavière connut un nombre du changements remarquables surtout sur le
plan géographique. Ce n'est qu'en 1806, lors de
l'instauration du royaume — possible grâce à la
coalition avec Napoléon — que la Franconie et la
Souabe deviennent jusqu'en 1813 également bava-
roises et le sont encore aujourd'hui. Jusqu'à cette
époque, elles étaient divisées en petits Etats soit
séculiers, soit ecclésiastiques.
Dès lors, le pays est organisé en vertu des principes
du centralisme et de l'absolutisme. Le Roi Maximi-
lien II (qui prend le pouvoir dans l'année de la
Révolution en 1848) favorise les réformes libérales
et sociales. Son fils est le fameux «Märchenkönig»,
Louis II de Bavière, qui fit construire le Château de
Neuschwanstein et qui, devenu fou, mit fin à ses
jours en se noyant dans le lac de Starnberg.
Avec la fondation de l'Empire allemand en 1871, la
Bavière doit céder la plupart de ses compétences
au pouvoir central à Berlin. Pourtant, les questions
de finances, de transports, de la culture, de la
justice, des affaires sociales et de l'administration
sont tranchées par le gouvernement du Land.
Lorsque le roi de Bavière se voit obligé de démis-
sionner après la première guerre mondiale, en
même temps que l'empereur allemand, la Bavière
devient un Etat libre dont le peuple est le souverain. Après un court intermède de deux républiques des conseils socialistes au printemps de
l'année 1919, le parlement du Land s'impose en
tant que représentation du peuple avec l'appui du
gouvernement de l'Empire. La tentative de putsch
faite par Hitler en 1923 coincide avec la période
d'inflation galoppante sévissant alors en Allemagne. Sous le régime de dictature national-socialiste,
la Bavière se vit privée de tous les pouvoirs dont
elle disposait en tant qu'Etat souverain.
Après 1945, la Bavière est réétablie par les forces
d'occupation américaines sans le Palatinat toutefois. En 1949, le parlement bavarois est le seul des
parlements des Länder à refuser de donner son
accord à la nouvelle constitution de la République
fédérale d'Allemagne, trouvant que celle-ci limite
trop les droits des Länder. Le caractère obligatoire
de la constitution est par contre reconnu. Forte de
son histoire remontant à bientôt 1500 ans, la
Bavière s'est faite la championne du fédéralisme
tant en Allemagne qu'en Europe. Pour ce qui est de
l'unification européenne, l'Etat libre de Bavière
préconise une Europe des régions, au sein de
laquelle le fédéralisme et le principe de subsidiarité
constituent les critères sur lesquels reposent les
structures et l'action.

Fläche: 889 km²
Einwohner: 3,4 Millionen

Geographisches: In einem eiszeitlichen Urstromtal gelegen, wird Berlin von der Havel und der Spree durchflossen und verfügt daher im Stadtgebiet über zahlreiche natürliche Erholungsgebiete. Infolge der Zerstörung im zweiten Weltkrieg, der anschließenden Abrißpolitik und vor allem des Mauerbaus liegen im Herzen der Stadt weite Flächen brach. Es gibt zwei Zentren: um den Kurfürstendamm im Westen und um die Prachtstraße Unter den Linden im Osten.

Geschichte: Berlin ist relativ jung; offizielles Gründungsjahr der Doppelstadt Berlin-Cölln ist 1237. Im 14. Jahrhundert entwickelte sich die Stadt aufgrund ihrer natürlichen Lage an der Spreemündung zu einem bedeutenden Handelsplatz und spielte politisch wie ökonomisch eine herausragende Rolle in der Mark Brandenburg.

Zwar verlor Berlin im 15. Jahrhundert diese wirtschaftliche Stellung, es wurde aber Residenz der in Brandenburg — später Preußen — regierenden Hohenzollern. Unter König Friedrich II. (Regierungszeit: 1740-1786) erlebte Berlin als Hauptstadt Preußens eine erneute Blütezeit; die Einwohnerzahl wuchs auf 150.000.

Mit der Ernennung zur Reichshauptstadt 1871 begann eine neue Epoche. Berlin wuchs während der Kaiserzeit zum politischen und kulturellen Zentrum des Reichs heran, auch wenn es insofern eine besondere Entwicklung nahm, als hier die Arbeiterbewegung besonders stark war. Mit der Abdankung des Kaisers zum Ende des ersten Weltkriegs kulminierten in Berlin die sozialen Auseinandersetzungen: unter anderem im kommunistischen Spartakusaufstand, der im Januar 1919 niedergeschlagen wurde. 1920 wurde die Stadtgemeinde Berlin durch Angliederung von mehreren Kleinstädten und Landgemeinden geschaffen. Mit vier Millionen Einwohnern und einer Fläche von 878 Quadratkilometern war dieses Groß-Berlin die größte Industriestadt des Kontinents und hatte während der „Goldenen Zwanziger" echtes Weltstadtflair.

In der Zeit des Nationalsozialismus war Berlin Sitz der Hitler-Regierung. Trotzdem bildeten sich in der Stadt Widerstandsgruppen.

Nach Kriegsende wurde Berlin in vier Besatzungszonen aufgeteilt und von den Siegermächten zunächst gemeinsam regiert. Die Sowjetunion zog sich im Juni 1948 aus der Stadtregierung zurück und reagierte auf die Währungsreform in den Westsektoren mit einer Blockade; die Versorgung konnte nur mit einer Luftbrücke aufrechterhalten werden. Der Ostteil wurde mit Gründung der DDR 1949 Hauptstadt des neuentstandenen Staates.

Ein sowjetisches Ultimatum beschwor 1958 eine neuerliche Krise herauf. In der Folgezeit setzte ein Flüchtlingsstrom aus der DDR ein, dem die SED-Regierung am 13. August 1961 mit dem Bau der Mauer mitten durch die Stadt ein gewaltsames Ende setzte. Nach Massenprotesten und einer Ausreisewelle wurde die Mauer am 9. November 1989 von der DDR-Regierung geöffnet. Mit der deutschen Einheit endete 1990 auch die Teilung Berlins, das wieder deutsche Hauptstadt wurde. 1991 entschied der Bundestag, daß Regierung und Parlament ihren Sitz in Berlin haben sollen.

Area: 889 square kilometres
Population: 3.4 million

Geography: Situated in an Ice Age valley, Berlin has the Havel and the Spree flowing through it. Therefore the city itself boasts many natural resources for outings. Due to Second World War destruction, the ensuing policy of demolition and especially due to the construction of the Wall, there are many areas left unused in the heart of the city. It has two centres: Around the Kurfürstendamm in the west part and around Unter den Linden in the east.

History: Berlin is relatively young; the official foundation date of the twin-city Berlin-Cölln is 1237. In the 14th century the city, thanks to its natural position in the Spree delta, developed into a major centre of trade and was to become extremely significant for the March of Brandenburg politically as well as economically. Berlin's economic importance lessened in the 15th century, but later it was chosen to be the residence of the Hohenzollern dynasty as rulers of what was first Brandenburg, then later Prussia. At the time of the reign of King Friedrich II (1740-1786), Berlin, capital city of Prussia, rose to new heights; its population increased to 150,000.

A new epoch began in 1871, when Berlin became the capital of the Reich. During the reign of the emperors, Berlin evolved into the political and cultural centre of the Reich, while, at the same time being a special case even in respect of the workers' movement, which was especially powerful in this city. At the end of the First World War, when the Kaiser abdicated, social upheavals culminated in Berlin: among others, the communist Spartacus revolt, which was put down in January, 1919. In 1920, the urban municipality of Berlin was created by incorporating several smaller towns as well as rural communities. With its four million inhabitants and a region encompassing 878 square kilometres, Greater Berlin was the largest industrial city of the continent and had the flair of a cosmopolitan capital during the "roaring twenties."

In the era of National Socialism, Berlin was the capital of Hitler's government. Yet resistance groups were still set up in the city.

After the end of the war, Berlin was divided into four occupation sectors and, to begin with, jointly administered by the four Allies. In June 1948, the Soviet Union withdrew from the urban government and reacted to the currency reform in the western sectors by imposing a blockade; supplies could thus only be transported via aircraft. With the foundation of the German Democratic Republic in 1949, the eastern part of the city became capital of the new state.

In 1958, a Soviet ultimatum caused yet another crisis. In the time thereafter, a stream of refugees left the GDR. The SED (Socialist Unity Party) government put a forceful end to this on 13 August 1961 by building the Wall right through the heart of the city. In the wake of massive protests and waves of refugees, the Wall was opened by the government of the GDR on 9 November 1989. The division of Berlin ended in 1990, the year in which German unity was achieved. Once again it was to become the capital of Germany. In 1991, the Bundestag decided that government and parliament were to return to Berlin.

Superficie: 889 km²
Nombre d'habitants: 3,4 millions

Géographie: Berlin est situé dans un bassin fluvial datant de l'époque glaciaire. Deux rivières traversent la ville, la Havel et la Spree, et l'on y trouve un grand nombre de parcs et zones de repos. Les conséquences des bombardements de la deuxième guerre mondiale, de la politique de démolition et de la construction du Mur veulent que de vastes zones de la ville restent en jachère. Berlin a aujourd'hui deux centres: l'un entourant le Kurfürstendamm à l'ouest et l'autre entourant le boulevard Unter den Linden à l'est.

Histoire: Berlin est une ville relativement jeune, fondée 1237. La ville de Berlin-Cölln se développe au 14ème siècle grâce à sa situation favorable à l'embouchure de la Spree. Elle devient une place commerciale importante et joue un rôle dominant dans la Marche de Brandebourg tant du point de vue politique qu'économique. Bien que Berlin eût perdu son importance économique au 15ème siècle, elle devint résidence des Hohenzollern qui gouvernèrent le Brandebourg, la future Prusse. En tant que capitale de la Prusse, la ville connaît son apogée sous le Roi Frédéric II qui règne de 1740 à 1786. Le nombre des habitants atteint alors 150 000.

Sa désignation de capitale du Reich en 1871 marque le début d'une nouvelle époque. Berlin devient le centre politique et culturel de l'Empire allemand, même si le mouvement ouvrier qui y est particulièrement vigoureux confère à son développement un caractère particulier. La crise sociale culmine avec l'abdication de l'Empereur à la fin de la première guerre mondiale. Citons en exemple le soulèvement communiste de la ligue Spartakus, réprimé en janvier 1919. En 1920, la commune de Berlin s'agrandit avec l'annexion de diverses petites villes et communes de la banlieue. Avec 4 millions d'habitants et une superficie de 878 km², Berlin devient la plus grande ville industrielle du continent et a la réputation d'une véritable métropole dans les années 20.

Durant le régime national-socialiste, Berlin est le siège du gouvernement. Et pourtant, c'est là que se constituent certaines cellules de la résistance.

Après la fin de la deuxième guerre mondiale, Berlin est divisé en quatre zones d'occupation et gouverné conjointement par les Alliés. L'Union soviétique se retire en juin 1948 de ce gouvernement. A la suite de la réforme monétaire dans la partie ouest de la ville, elle réagit par un blocus. Les Etats-Unis, la France et la Grande-Bretagne répondent en formant un pont aérien pour assurer l'approvisionnement. Berlin-Est devient capitale de la République démocratique d'Allemagne après la fondation de cette dernière en 1949.

Un ultimatum soviétique en 1958 plonge la ville dans une nouvelle crise. Pour mettre fin à l'exode de réfugiés passant de l'est à l'ouest, le gouvernement de la RDA fait construire un mur partageant la ville le 13 août 1961.

Après des manifestations qui mobilisèrent des centaines de milliers de personnes et un exode massif de la population le gouvernement de la RDA ouvre le mur le 9 novembre 1989. En 1990, la réunification de l'Allemagne met également fin à la division de Berlin, qui redevient capitale du pays. En 1991, le Parlement décide que Berlin redevienne le siège du gouvernement et du parlement.

Fläche: 29.056 km²
Einwohner: 2,5 Millionen
Hauptstadt: Potsdam (141.000 Einwohner)
Größere Städte: Cottbus (129.000 Einwohner),
Brandenburg (93.000), Frankfurt/Oder (87.000),
Eisenhüttenstadt (52.000)
Geographisches: Brandenburg grenzt im Osten an Polen und umschließt Berlin. Ein steter Wechsel zwischen trockenen, sandiglehmigen Erhebungen und feuchten, tiefgelegenen, zum Teil vermoorten Talebenen mit zahlreichen Seen und Trockenlegungen charakterisiert Brandenburg mit den Landschaften Prignitz, Uckermark, Ruppin, Havelland, Mittelmark, Neumark, Fläming und Niederlausitz.
Geschichte: Nach mehreren vergeblichen Versuchen, das seit dem 7. Jahrhundert von heidnischen Slawen besiedelte Land dem christlichen fränkischen Reich einzugliedern, gelang es dem Askanier Albrecht dem Bären im 12. Jahrhundert, das Gebiet für die deutsche Ostsiedlung zu erschließen. Nach dem Aussterben der Askanier 1320 stand Brandenburg unter der Herrschaft der Wittelsbacher und später der Luxemburger, die das Gebiet vernachlässigten.
Mit der Belehnung der Mark Brandenburg an die Hohenzollern 1419 begann ein neuer Abschnitt: Die folgenden 500 Jahre hatte dieses Geschlecht — als Kurfürsten von Brandenburg, Könige von Preußen und Deutsche Kaiser — die Herrschaft inne. Zielstrebig baute Brandenburg zunächst sein Territorium aus und gewann durch Erbschaft Anfang des 17. Jahrhunderts unter anderem das Herzogtum Preußen hinzu.
Im Dreißigjährigen Krieg 1618-1648 wurde es schwer verwüstet, der Westfälische Frieden brachte jedoch erneuten territorialen Zugewinn. Der damals regierende Friedrich Wilhelm I., der Große Kurfürst, erließ das Potsdamer Edikt. Danach wurden den aus Frankreich geflüchteten Hugenotten eine Reihe von „Rechten, Privilegien und anderen Wohltaten" garantiert. Dazu gehörten die vollen Bürgerrechte und eine kostenfreie Aufnahme in die Zünfte. Die Niederlassung und Religionsfreiheit wurde durch Privilegien gesichert. Über 300.000 Menschen, darunter 20.000 Hugenotten, 20.000 Salzburger, 7.000 Pfälzer, 7.000 Schweizer und 5.000 Böhmen, kamen in der Folgezeit nach Brandenburg und trugen mit ihren vielfältigen Kenntnissen und Fähigkeiten entscheidend zum Aufbau des Landes bei.
Inbegriff des Preußentums ist Friedrich II., der Große, König von 1740-1786. Er schuf einen straff organisierten Beamtenstaat, förderte Handel und Gewerbe, aber auch Kunst und Wissenschaften. Zugleich beendete er eine längere Friedenszeit, indem er den Anspruch auf das zu Österreich gehörende Schlesien kriegerisch durchzusetzen versuchte. Fremde Truppen besetzten vorübergehend Berlin, Preußen jedoch wurde als Großmacht anerkannt.
Nach der Niederlage Preußens gegen die napoleonische Armee 1806 blieb Brandenburg Kernland des verkleinerten Preußens, 1815 erhielt es den Status einer preußischen Provinz.
Auf die Gleichschaltung durch die Nationalsozialisten und die deutsche Niederlage im zweiten Weltkrieg folgte 1947 die Auflösung des Staates Preußen durch die Siegermächte. Die Provinz hieß vorübergehend „Land Mark Brandenburg", wurde aber 1952 bei der Gebietsreform von der DDR-Regierung in Bezirke aufgegliedert. 1990 wurde das Land Brandenburg — in veränderten Grenzen — wiederhergestellt.

Area: 29,056 square kilometres
Population: 2.5 million
Capital: Potsdam (population 141,000)
Principal cities: Cottbus (129,000), Brandenburg (93,000), Frankfurt/Oder (87,000), Eisenhüttenstadt (52,000)
Geography: Brandenburg borders on Poland to the east and surrounds Berlin. A continual contrast between dry, sand- and loam-covered hillocks and damp, low-lying valley plains with numerous lakes and drained areas is characteristic of Brandenburg and its districts of Prignitz, Uckermark, Ruppin, Havelland, Mittelmark, Neumark, Fläming and Niederlausitz.
History: After several futile attempts to incorporate this land, which had been settled by heathen Slavs since the 7th century, into the Christian Franconian realm, it was the achievement of the Ascanian Albrecht the Bear to make these regions accessible for German settlement of the East. After the decline of the Ascanians in 1320, Brandenburg was administered by the Wittelsbachs, later by the house of Luxembourg, who tended to neglect the region.
Commencing with the feudal tenure of the March of Brandenburg by the dynasty of Hohenzollern in 1419, a new era was initiated. This dynasty was to rule for the ensuing five centuries — as electors of Brandenburg, kings of Prussia, and emperors of Germany. Brandenburg systematically enlarged its territory and, by way of inheritance in the early 17th century, acquired, among others, the region of the Duchy of Prussia.
In the Thirty Years' War, 1618-1648, Brandenburg was heavily pillaged, but the Treaty of Westphalia once again helped to enlarge its territory. The ruler of the time, Friedrich Wilhelm I, the Great Elector, issued the Edict of Potsdam, guaranteeing the Huguenots who had fled from France a series of "rights, privileges and other benefits." In the years that followed over 300,000 people, among them 20,000 Huguenots, 20,000 Salzburgers, 7,000 inhabitants of the Palatinate, 7,000 Swiss and 5,000 Bohemians came to Brandenburg and employed their wide range of knowledge and skills in making a decisive contribution to the state's development.
The incarnation of Prussian character is Friedrich II the Great, king from 1740 to 1786. He created the strictly organized civil service state and furthered trade and commerce as well as the arts and sciences. At the same time he put an end to a longer period of peace by attempting to forcefully take Silesia, which at the time belonged to Austria. Berlin was temporarily occupied by foreign troops. Prussia, however, was accepted as a politically great power.
After Prussia had lost to Napoleon's army in 1806, Brandenburg was still the heartland of a diminished Prussia, and in 1815 gained the status of a Prussian province.
After having been brought in line by the National Socialists and following the defeat of the Germans in the Second World War, the state of Prussia was disbanded by the Allies. The province was temporarily named the March of Brandenburg, but in 1952 it was split up in several regions in the course of an administrative reform by the GDR government. In 1990 Brandenburg was re-established, with slightly altered borders.

Superficie: 29 056 km²
Nombre d'habitants: 2,5 millions
Capitale: Potsdam (141 000 habitants)
Villes principales: Cottbus (129 000 habitants), Brandebourg (93 000), Francfort-sur-l'Oder (87 000), Eisenhüttenstadt (52 000)
Géographie: Le Brandebourg est limité, à l'est, par la Pologne et entoure Berlin. Une alternance ininterrompue de petites collines à la terre sèche, sableuse ou argileuse et de plaines en partie marécageuses s'étendant dans le creux de vallées agrémentées de nombreux lacs, caractérise le Brandebourg et les régions de Prignitz, d'Uckermark, de Ruppin, de Havelland, de Mittelmark, de Neumark, Fläming et de Niederlausitz.
Histoire: Au 7ème siècle, toute la région est habitée par des Slaves paiens. Après plusieurs tentatives d'annexer le pays à l'empire chrétien des Francs, l'Ascanien Albrecht l'Ours réussit à coloniser les territoires de l'Est. Après la disparition de la dynastie ascanienne en 1320, le Brandebourg passe aux Wittelsbach et plus tard à la maison de Luxembourg, qui négligèrent cette région.
Après l'attribution du margraviat de Brandebourg aux Hohenzollern en 1419 une nouvelle ère commence qui durera 500 ans. La famille de Hohenzollern est le berceau des électeurs de Brandebourg, des rois de Prusse et des empereurs allemands. Le Brandebourg agrandit son territoire. Il se voit attribué, à titre d'héritage, le Duché de Prusse au début du 17ème siècle.
Durant la guerre de Trente ans, de 1618 à 1648, le pays est terriblement ravagé. Pourtant, le Traité de Westphalie lui rend des territoires. Frédéric Guillaume Ier, le Grand Electeur régnant à l'époque, promulgua l'Edit de Potsdam. Celui-ci garantissait aux huguenots ayant fui hors de France, une série de «droits, privilèges et autres bienfaits». Parmi ces derniers, tous les droits du citoyen ainsi que l'admission gratuite au sein des corporations. Plus de 300 000 personnes, dont 20 000 huguenots, 20 000 Salzbourgeois, 7 000 Palatins, 7 000 Suisses et 5 000 ressortissants de Bohême vinrent s'installer dans le Brandebourg au cours des années qui suivirent et, grâce à leurs connaissances et leurs capacités en tous genres, contribuèrent, dans une large mesure, à l'essor du pays.
Les qualités prussiennes sont incarnées par Frédéric II le Grand, roi de 1740 à 1786. Il crée un état de fonctionnaires bien organisé et favorise le commerce ainsi que l'art et les sciences. Il met en même temps fin à une longue période de paix en cherchant à annexer la Silésie, alors province autrichienne. Bien que Berlin soit occupé par des troupes étrangères pendant une courte période, la Prusse est reconnue partout comme une grande puissance.
Après sa défaite infligée par l'armée de Napoléon en 1806, le Brandebourg reste le noyau de la Prusse amenuisée. En 1815, il reçoit le statut de province prussienne.
A la suite de l'uniformisation par le pouvoir national-socialiste et de la défaite allemande de la deuxième guerre mondiale, l'Etat de Prusse disparaît en 1947. La province dite «Mark-Brandebourg» est divisée en différents districts lors de la restructuration de la RDA en 1952. En 1990, le Brandebourg est recréé avec de nouvelles frontières.

Hessen/Hesse/La Hesse

Fläche: 21.114 km²
Einwohner: 5,8 Millionen
Hauptstadt: Wiesbaden (256.585 Einwohner)
Größere Städte: Frankfurt a.M. (635.151 Einwohner), Kassel (191.598), Darmstadt (137.537), Offenbach (113.990)
Geographisches: Das heutige Hessen, im September 1945 aus Kurhessen und Nassau, Hessen-Starkenburg, Oberhessen und aus den östlich des Rheins gelegenen Teilen von Rheinhessen geformt, liegt in der Mitte der Bundesrepublik. Im Osten grenzt Hessen an das Land Thüringen, zu dem vielfältige, historisch begründete Beziehungen bestehen.

Obwohl Hessen mit 5,9% der Gesamtfläche relativ klein ist, gehört es zu den wirtschaftsstärksten Ländern der Bundesrepublik. Gleichzeitig ist es das Land mit der größten Waldfläche. Wirtschaftlicher Schwerpunkt ist das Rhein-Main-Gebiet mit der Stadt Frankfurt, die sich zum maßgeblichen Bankenzentrum Kontinentaleuropas entwickelt hat, und dem Rhein-Main-Flughafen.

Im Kontrast hierzu stehen die reizvollen Mittelgebirgslandschaften von Odenwald und Westerwald, dem Nordhessischen Bergland sowie Taunus und Rhön. Nur eine halbe Autostunde vom Ballungsgebiet Rhein-Main entfernt beginnt das Land der Wälder und Schlösser, der Burgen und Fachwerkhäuser, lockt mit dem Rheingau eines der berühmtesten Weinbaugebiete der Welt.

Geschichte: Die Ursprünge reichen bis ins 13. Jahrhundert zurück, doch erst unter dem Landgrafen Philipp dem Großmütigen (1504-1567) wurde das hessische Gebiet so weit ausgedehnt, daß es erstmals weitere Teile des heutigen Landes umfaßte. Lediglich in dieser Zeit spielte Hessen innerhalb des Reichsgebiets eine größere Rolle, etwa in der Durchsetzung der Reformation. Nach dem Tode Philipps zerfiel die Landgrafschaft in die Teile Hessen-Kassel, Hessen-Marburg, Hessen-Rheinfels und Hessen-Darmstadt.

Nach der napoleonischen Zeit bildeten sich zu Anfang des 19. Jahrhunderts im wesentlichen drei Schwerpunkte in Hessen heraus: das Kurfürstentum Hessen-Kassel, das Großherzogtum Hessen-Darmstadt und das Herzogtum Nassau. Die in der Frankfurter Paulskirche 1848 tagende Nationalversammlung, die eine liberale gesamtdeutsche Verfassung entwerfen und einen deutschen Nationalstaat schaffen wollte, war weitgehend erfolglos und von der hessischen Umgebung ohnehin losgelöst.

Die Konstituierung des Deutschen Reiches 1871 unter preußischer Dominanz beeinflußte dagegen auch die Aufteilung der hessischen Gebiete: Nach dem Preußisch-Österreichischen Krieg 1866, in dem sich die hessischen Großterritorien auf seiten der Donaumonarchie engagiert hatten, fielen weite Gebiete Hessens an das siegreiche Preußen. Kurhessen, Nassau und Frankfurt wurden zur preußischen Provinz Hessen-Nassau zusammengefaßt, wohingegen das Großherzogtum Hessen-Darmstadt zwar Gebietsverluste hinnehmen mußte, aber seine Eigenständigkeit behielt. Auch während der Weimarer Republik blieb Hessen-Nassau Teil des Landes Preußen, während Hessen-Darmstadt 1919 in den Volksstaat Hessen mit parlamentarisch-demokratischer Verfassung überging.

Das Land Hessen in seiner heutigen Gestalt ist durch die Proklamation der amerikanischen Militärregierung vom 19. September 1945 gebildet worden. Seine demokratische Legitimation beruht auf der Verfassung vom 1. Dezember 1946.

Area: 21,114 square kilometres
Population: 5.8 million
Capital: Wiesbaden (population 256,585)
Principal cities: Frankfurt am Main (635,151), Kassel (191,598), Darmstadt (137,537), Offenbach (113,990)
Geography: Present-day Hesse, formed in September 1945 out of Kurhesse and Nassau, Hesse-Starkenburg, Upper Hesse and those parts of Rheinhessen to the east of the Rhine, lies in the centre of the Federal Republic. To the east Hesse borders on the state of Thuringia, with which it has many historic connections.

Although Hesse is one of the smallest states, covering only 5.9% of the country's total area, it is economically one of the strongest in the Federal Republic. It is also the state with the largest area of forest and woodland. Its economic centre is the Rhine-Main area with the city of Frankfurt, which has developed into the leading banking centre in continental Europe, and its Rhine-Main airport.

In contrast to this are the lovely Mittelgebirge country areas of the Odenwald and Westerwald, the North Hesse uplands, the Taunus and the Rhön. Only half an hour's drive from the Rhine-Main conurbation there are woods and castles, fortresses and half-timbered houses, not to mention the tempting Rheingau, one of the most famous wine-growing regions in the world.

History: Its origins date back into the 13th century, but the first time the Hesse region expanded far enough to cover further parts of the state of today was in the reign of Duke Philip the Generous (1504-1567). This was the only time Hesse played a role of greater importance in the Reich, in connection with the success of the reformation. After the death of Philip, the duchy split up into the regions of Hessen-Kassel, Hessen-Marburg, Hessen-Rheinfels and Hessen-Darmstadt; further territorial split-ups led the region into political obscurity in the 18th century.

After the Napoleonic age three regions of greater import developed in Hesse in the early 19th century: the electorate of Hessen-Kassel, the grand duchy of Hessen-Darmstadt, and the duchy of Nassau. The national assembly, which constituted itself in 1848 in the Paulskirche in Frankfurt with the aim of making a rough draft of a liberal constitution for a German nation state, was generally unsuccessful and had little to do with surrounding Hesse.

The coming of the German Reich under Prussian predominance, which constituted itself instead in 1871, influenced the further divisions of Hesse. During the Austro-Prussian War of 1866, the greater territories of Hesse had supported the Danube monarchy. After the war Hesse thus lost large regions to the victorious Prussians. Whereas the electorate of Kurhessen, Nassau and Frankfurt were collectively reduced to the status of a Prussian province, Hessen-Nassau, the grand duchy of Hessen-Darmstadt was allowed to retain its independence in spite of some minor territorial losses. During the Weimar Republic, Hessen-Nassau remained part of Prussia while Hessen-Darmstadt joined the "Volksstaat" Hesse, a state with a parliamentary democracy, in 1919.

The state of Hesse in its present-day form was established by proclamation of the American military government on 19 September 1945. It was democratically legitimised by the constitution of 1 December 1946.

Superficie: 21 114 km²
Nombre d'habitants: 5,8 millions
Capitale: Wiesbaden (256 585 habitants)
Villes principales: Francfort-sur-le-Main (635 151 habitants), Kassel (191 598), Darmstadt (137 537), Offenbach (113 990)
Géographie: La Hesse d'aujourd'hui, née, en septembre 1945, de l'association de Kurhessen, de Nassau, de Hessen-Starkenburg, d'Oberhessen et des territoires de Rheinhessen situés à l'est du Rhin, s'étend au cœur de la République fédérale. A l'est, elle est délimitée par la Thuringe avec laquelle elle entretient de multiples relations ayant leur racine dans une histoire commune.

Bien que la Hesse soit relativement petite — elle n'occupe que 5,9% du territoire allemand —, elle fait partie des Länder économiquement les plus puissants. C'est également la province possédant la plus vaste surface boisée. Le pôle économique prédominant est constitué par la région du Rhin et du Main, où se trouvent Francfort, devenu la plus importante place financière sur le continent européen, et l'aéroport Rhin/Main.

En opposition à cet aspect de sa physionomie: le charme de l'Odenwald et du Westerwald, des régions du nord de la Hesse appartenant à la chaîne montagneuse du Mittelgebirge, ainsi que du Taunus et du Rhön. C'est à une heure seulement, en voiture, de l'agglomération urbaine du Rhin et du Main que commence le pays des forêts et des châteaux, des forteresses médiévales, des maisons à colombages et que le Rheingau, l'une des régions viticoles les plus célèbres au monde attend le visiteur.

Histoire: Les origines de la Hesse remontent au 13ème siècle. Mais ce n'est que sous la domination du landgrave Philippe le Hardi (1504 - 1567) que la région de la Hesse se développe de sorte qu'elle réunit pour la première fois des régions appartenant au Land d'aujourd'hui. A cette époque seulement, la Hesse joue un rôle important au sein de l'Empire en y imposant la réforme. Après la mort de Philippe, le landgraviat est divisé en Etats tels que Hessen-Kassel, Hessen-Marbourg, Hessen-Rheinfels et Hessen-Darmstadt.

Au début du 19ème siècle après l'époque napoléonienne, la Hesse compte trois centres importants, à savoir l'Electorat Hessen-Kassel, le Grand-Duché de Hessen-Darmstadt et le Duché de Nassau. L'Assemblée nationale, qui tient en 1848 ses assises dans l'Eglise St-Paul à Francfort afin de créer une constitution libérale pour l'ensemble de l'Allemagne et un Etat national allemand, n'obtient aucun succès et reste détachée de la Hesse.

La constitution de l'Empire allemand, en 1871 sous domination prussienne, influence par contre la répartition des régions de la Hesse. A la suite de la guerre austro-prussienne en 1866, durant laquelle les princes hessois s'étaient engagés en faveur de la monarchie danubienne de grands territoires de la Hesse reviennent à la Prusse victorieuse. Kurhessen, Nassau et Francfort sont réunis en une province prussienne, le Hessen-Nassau, alors que le Grand-Duché de Hessen-Darmstadt perd des terres mais conserve cependant son indépendance. Durant l'époque de la République de Weimar, la partie Hessen-Nassau reste aussi une partie de la Prusse alors que Hessen-Darmstadt passe en 1919 à l'Etat populaire de Hesse avec une constitution démocratique parlementaire.

La proclamation du gouvernement militaire américain, faite le 19 septembre 1945, donna naissance à la Hesse. Sa légitimation démocratique repose sur la constitution du 1er décembre 1946.

Fläche: 23.559 km²
Einwohner: 1,9 Millionen
Hauptstadt: Schwerin (130.000 Einwohner)
Größere Städte: Rostock (250.000 Einwohner),
Neubrandenburg (85.000), Stralsund (75.000),
Greifswald (65.000)
Geographisches: Mit 80 Einwohnern pro Quadratkilometer ist Mecklenburg-Vorpommern das am dünnsten besiedelte Land. Es besitzt mit der zergliederten Ostseeküste und der Seenplatte reizvolle Erholungslandschaften. Die Städte erhalten durch die vielen noch erhaltenen Backsteingotik-Bauten ihr reizvolles Gepräge.
Geschichte: Mecklenburg hat seinen Namen vermutlich von der Mikilinborg, der „großen Burg", erhalten, in der der Slawenfürst Niklot im 12. Jahrhundert residierte. Sein Sohn Pribislaw war es, der sich 1167 mit dem Sachsenherzog Heinrich dem Löwen versöhnte und zum Stammvater des mecklenburgischen Herrscherhauses wurde, das bis 1918 — allerdings durch Erbteilung zersplittert — das Land regierte.
Bei Heinrichs Einzug hatte die deutsche Ostkolonisation in dem seit dem 7. Jahrhundert von slawischen Stämmen besiedelten Gebiet schon begonnen, allerdings auch im Jahr 983 durch den Slawenaufstand einen schweren Rückschlag erlitten. Im 13. Jahrhundert kam es zu vielen Stadtgründungen, und im 14. Jahrhundert erlebten die Ostseestädte, die dem „wendischen Quartier" der Hanse angehörten, eine Blütezeit. Für die mecklenburgische Geschichte stellt das Ende des Dreißigjährigen Krieges 1648 einen Einschnitt dar: Schweden annektierte für Jahrzehnte fast die gesamte Küstenregion.
Ab 1701 gab es nur noch zwei mecklenburgische Fürstentümer: Mecklenburg-Schwerin und Mecklenburg-Strelitz. Die Region war zu diesem Zeitpunkt aber schon in ihrer Entwicklung zurückgeblieben, nicht zuletzt deshalb, weil die Herzöge sich, von Erbauseinandersetzungen geschwächt, gegen die Landstände nicht durchsetzen konnten. Ab dem 16. Jahrhundert hatte sich die Ritterschaft das Recht herausgenommen, von Bauern zur Pacht überlassenes Land zurückzufordern, und länger als anderswo — bis 1820 — bestand hier die Leibeigenschaft. Eine Verfassung erhielt Mecklenburg erst nach dem Ende der Fürstenherrschaft 1918. Zuvor hatten etwa 1.000 Mecklenburger — nicht gewählte Vertreter der Ritterschaft, die Bürgermeister der Städte und die Herzöge, die fast die Hälfte des Gebiets als Domanium direkt verwalteten — über die Geschicke des Landes bestimmt. Nach dem Zwischenspiel einer parlamentarischen Demokratie erhielten die Nationalsozialisten bei den Landtagswahlen 1932 knapp die absolute Mehrheit und bildeten noch vor der Machtübernahme Hitlers im Reich die Landesregierung. Nach 1945 gehörte Mecklenburg zur sowjetischen Besatzungszone, später zur DDR, in der das Land jedoch nur bis zur Gebietsreform 1952 Bestand hatte. 1990 wurde Mecklenburg im Verbund mit Vorpommern als Land wiederhergestellt. Vorpommern, der westlich der Oder gelegene kleinere Teil Pommerns, spiegelt weitgehend die historische Entwicklung ganz Pommerns wider. Im 18. Jahrhundert kam der südliche Teil Vorpommerns mit ganz Hinterpommern zu Preußen, erst nach dem Ende der Napoleonischen Kriege 1815 erhielt Preußen den nördlichen Teil einschließlich Rügens dazu.

Area: 23,559 square kilometres
Population: 1.9 million
Capital: Schwerin (population 130,000)
Principal cities: Rostock (250,000), Neubrandenburg (85,000), Stralsund (75,000), Greifswald (65,000)
Geography: With 80 inhabitants per square kilometre, Mecklenburg-Western Pomerania is the state with the lowest population density. With its indented Baltic coast and the plateau of lakes, it offers lovely recreational areas. The cities are characterized by their Gothic redbrick buildings.
History: Mecklenburg probably derives its name from the Mikilinburg, the great castle, in which Niklot, prince of Slavs, resided in the 12th century. It was his son Pribislav who made peace with the Saxon duke Henry the Lion in 1167 and who was to become the progenitor of the dynasty of rulers of Mecklenburg, which — in spite of being split up by inheritances — ruled the state until 1918.
When Henry arrived on the scene German colonisation of the East, where Slavonic tribes had settled since the 7th century, was well under way despite the setback of a Slav uprising in 983. Many cities were founded in the 13th century, and in the 14th century, the cities of the Baltic coast region which belonged to the "Wendish quarter" of the Hansa experienced a period of prosperity. The end of the Thirty Years' War in 1648 represents an incision in the history of Mecklenburg: for decades the coastal region was almost completely annexed by the Swedes.
In 1701, only two duchies had survived in Mecklenburg: Mecklenburg-Schwerin and Mecklenburg-Strelitz. But at this point, the region was already behind the general standard of development, one cause of which was that the dukes, weakened by hereditary struggles, were unable to enforce their position against the landed gentry. Commencing with the 16th century, the knights took the liberty of reclaiming land which had been leased to the peasants, and here serfdom existed longer than elsewhere in the area — until 1820. At last, in 1918, Mecklenburg was endowed with a constitution after the sovereignty of the dukes had come to an end. Before, about a thousand citizens of Mecklenburg, consisting of non-elected knights, burgomasters of the cities, and the dukes, who administered almost half of the region as their dominions, had the say in the their state.
Following a short period of parliamentary democracy, the National Socialists were elected with an almost absolute majority in 1932 and thus constituted the state government even before Hitler's seizure of power in the Reich. After 1945, it belonged to the Soviet occupied zone, later to the GDR, but as a state it existed only until 1952. In 1990, Mecklenburg and Western Pomerania was re-established as a state.
Western Pomerania, which is the smaller part of Pomerania to the west of the Oder, has no history of its own, but is historically a part of Pomerania. In the 18th century, the southern part of Western Pomerania and the whole of Eastern Pomerania were ceded to Prussia, and only after the end of the Napoleonic wars in 1815 did Prussia get the northern part including Rügen.

Superficie: 23 559 km²
Nombre d'habitants: 1,9 million
Capitale: Schwerin (130 000 habitants)
Villes principales: Rostock (250 000 habitants), Neubrandebourg (85 000), Stralsund (75 000), Greifswald (65 000)
Géographie: Son nombre de 80 habitants par km² fait du Land de Mecklembourg-Poméranie occidentale le moins peuplé parmi tous les autres. Avec ses plages longeant la Baltique et ses régions de lacs, il possède des lieux de villégiature charmants. Les villes sont caractérisées par leurs édifices gothiques en briques.
Histoire: On suppose que le nom de Mecklembourg a pour origine «Mikilinborg», la «grande forteresse» dans laquelle résidait le prince slave Niklot au 12ème siècle. Son fils Pribislaw qui, en 1167, se réconciliant avec le Duc de Saxe, «Henri le Lion» devient père de la lignée de la maison qui — divisée à la suite de partages d'héritages — régna sur le Mecklembourg jusqu'en 1918.
Lors de l'invasion d'Henri, la colonisation allemande des pays de l'Est, habités par des tribus slaves depuis le 7ème siècle, avait déjà commencé, mais elle essuya pourtant de cruels revers en 983 lors du soulèvement des Slaves. Le 13ème siècle est marqué par la fondation d'un grand nombre de villes et au 14ème siècle, les villes du Wendes sur les bords de la Baltique, qui font également partie de la Hanse, sont très florissantes. En 1648, la fin de la Guerre de Trente Ans représente une coupure dans l'histoire du Mecklembourg puisque la Suède annexe presque toute la région côtière pour plusieurs décennies.
En 1701, il n'existe plus que deux duchés dans le Mecklembourg, à savoir Mecklembourg-Schwerin et Mecklembourg-Strelitz. A cette époque, l'évolution du pays a déjà souffert d'un certain retard dû en partie au fait que les ducs, affaiblis par leurs querelles d'héritages, ne réussissent pas à s'affirmer face aux autorités du Land. Dès le 16ème siècle, les chevaliers s'arrogent le droit de reprendre les terres affermées aux paysans et bien plus longtemps qu'ailleurs, c'est-à-dire jusqu'en 1820, le droit de servage subsiste toujours. Mecklembourg n'a droit à une constitution qu'en 1918, soit à la fin de la domination des princes. Auparavant, le destin du pays était décidé par environ 1000 citoyens du Mecklembourg, représentants non élus de la Chevalerie, par les bourgmestres des villes et par les ducs, qui administrent directement presque la moitié du pays en tant que domaine.
Après l'intermède d'une démocratie parlementaire, les nationaux-socialistes obtiennent de justesse lors des élections à l'Assemblée en 1932 une majorité absolue et constituèrent le gouvernement peu avant la prise du pouvoir par Hitler au sein du Reich. Après 1945, le Mecklembourg fait partie de la zone d'occupation soviétique d'Allemagne. Il n'existe cependant en tant que Land que jusqu'en 1952, date de la réforme territoriale. Réuni à la Poméranie occidentale, le Mecklembourg redevient un Land en 1990.
La Poméranie occidentale, petite partie de la Poméranie située à l'Ouest de l'Oder, reflète largement l'évolution de l'ensemble de la Poméranie. Au 18ème siècle, le sud de la Poméranie occidentale revient avec tout l'arrière-pays de la Poméranie à la Prusse. Ce n'est qu'à la fin de l'ère napoléonienne, en 1815, que le nord de cette région comprenant également Rügen revient aussi à la Prusse.

Fläche: 47.351 km²
Einwohner: 7,4 Millionen
Hauptstadt: Hannover (514.000 Einwohner)
Größere Städte: Braunschweig (259.000 Einwoh-ner), Osnabrück (155.000), Oldenburg (143.000), Wolfsburg (129.000)
Geographisches: Sonnenstrände und Skigebiete, Hochseeklima und Märchenflüsse, das alles zugleich bietet Niedersachsen. Es reicht von der Nordsee über die Lüneburger Heide und das Weserbergland bis zum Harz und liegt dort, wo die großen Nord-Süd- und West-Ost-Verkehrsachsen sich kreuzen: in der Mitte des neuen Europa. Das dünnbesiedelte Land läßt der Natur viel Raum: 20 Prozent seiner Fläche sind als Naturparks geschützt.

Geschichte: Die niedersächsische Freiheit sei der Ausgangspunkt aller modernen Freiheitsbestre-bungen in Europa, schrieb der Osnabrücker Publi-zist Justus Möser vor 200 Jahren. Schon im ersten Jahrtausend schufen die Sachsen hier den „Allthing", die erste Form von Demokratie auf deutschem Boden. Ihr Rechtssystem — aufgezeichnet im „Sachsenspiegel" — wurde bis nach Rußland und Polen übernommen und blieb in Teilen Deutschlands bis ins Jahr 1900 gültig.

Das Sachsen-Reich, das von Westfalen und den Niederlanden bis an die Ostsee reichte, war kurzle-biger: Von Heinrich dem Löwen in blutigen Kreuz-zügen weit nach Süden und Osten ausgedehnt, wurde es im Jahre 1180 von den deutschen Fürsten zerschlagen. Allein das heutige Niedersachsen wurde an vierzig verschiedene Herrscher verteilt; der Name Sachsen wanderte danach ostwärts ins heutige Sachsen.

Erst 500 Jahre später machte die Region wieder europäische Geschichte, als Hannovers Kurfür-sten im Jahre 1714 Könige von England wurden. Als die „Personalunion" 123 Jahre später endete, bestanden auf niedersächsischem Gebiet nur noch vier Staaten: Braunschweig, Hannover, Oldenburg und Schaumburg-Lippe. Sie wurden später Län-der des Deutschen Reiches und bildeten 1946 zusammen das Land Niedersachsen, das damit zum ersten Mal als territoriale Einheit existierte: das zweitgrößte Land, in dem man heute das größte Automobilwerk Europas und die größten Industriemessen der Welt findet. Und zwölf Uni-versitäten, deren ehrwürdigste in Göttingen in den zwanziger Jahren mit einem Dutzend Nobelpreis-trägern als „Nabel der mathematischen Welt" galt.

Ihre Freiheit ließen sich die Niedersachsen nie nehmen: Die deutsche Nationalhymne schrieb August Heinrich Hoffmann aus Fallersleben, Helene Lange aus Oldenburg war um die Jahrhun-dertwende die Wortführerin der deutschen Frauenbewegung, Wilhelmshavener Matrosen läuteten 1918 mit ihrer Meuterei die Novemberre-volution ein. Gegen den Krieg schrieb Erich Maria Remarque aus Osnabrück den Roman „Im Westen nichts Neues", der das meistverkaufte Buch der ersten Jahrhunderthälfte wurde, während der Dadaist Kurt Schwitters Hannover zum Zentrum der Kunst der Weimarer Republik machte.

Quer denken und geradeaus handeln — diese Tra-dition zieht sich durch Niedersachsens Geschichte von Till Eulenspiegel über Gottfried Wilhelm Leibniz bis zu Hermann Löns, dem Urvater des Umweltschutzes, und ist mit Hannovers Rock-gruppe „Scorpions" noch nicht zu Ende.

Area: 47,351 square kilometres
Population: 7.4 million
Capital: Hanover (population 514,000)
Principal cities: Brunswick (population 259,000), Osnabrück (155,000), Oldenburg (143,000), Wolfs-burg (129,000).
Geography: Lower Saxony is a combination of sunny beaches and skiing resorts, maritime climate and fairy-tale rivers. It stretches from the North Sea across the Lüneburg Heath and the Weserbergland to the Harz Mountains and is situated where the great north-south and east-west traffic routes cross: in other words, at the very centre of the new Europe. The sparsely populated state leaves plenty of room to nature: 20 per cent of its area consists of protected nature reserves.

History: 200 years ago the Osnabrück writer Justus Möser wrote that the freedom of Lower Saxony was the starting point for all modern freedom struggles in Europe. Here in the first millennium AD the Saxons had already set up their "Allthing," the first form of democracy on German soil. Their system of justice, laid down in the "Sachsenspie-gel," was adopted as far afield as Russia and Poland and was still in force in some parts of Germany as late as 1900.

However, the Saxon Reich, stretching from West-phalia and the Netherlands as far as the Baltic, was short-lived. Henry the Lion, in a series of bloody crusades, extended its territories far to the south and east, but in 1180 it was crushed by the German princes. Present-day Lower Saxony alone was divided up between forty different rulers, after which the name "Saxony" itself shifted eastwards to present-day Saxony.

It was not until 500 years later that the region once again made European history when in 1714 the Electors of Hanover became Kings of England. When this situation came to an end 123 years later, there were only four states left in Lower Saxony: Brunswick, Hanover, Oldenburg and Schaum-burg-Lippe. Later they became states within the German Reich and in 1946 they joined together to form the state of Lower Saxony. It was the first time it had existed as a territorial entity. It is the second-largest German state and has the biggest auto-mobile works in Europe and the world's largest trade fairs, not to mention twelve universities. In the 1920s the most distinguished of these, Göttin-gen, was home to no less than a dozen Nobel laure-ates and became known as the "navel of the mathe-matical world."

The Lower Saxons never let themselves be robbed of their freedom: the German national anthem was written by August Heinrich Hoffmann von Fallers-leben, while at the turn of the century Helene Lange from Oldenburg was the leader of the Ger-man women's movement and in 1918 the Wilhelms-haven sailors' mutiny heralded the November rev-olution. Erich Maria Remarque from Osnabrück wrote the anti-war novel "All Quiet on the Western Front," later to become the greatest bestseller of the first half of the century, and Dadaist Kurt Schwitters made Hanover the artistic centre of the Weimar Republic.

The tradition of rebellious thinking and straight-forward action runs through the whole of Lower Saxon history, from Till Eulenspiegel to Gottfried Wilhelm Leibniz and Hermann Löns, the fore-father of environmentalism. The Hanover rock group The Scorpions are making sure it continues.

Superficie: 47 351 km²
Nombre d'habitants: 7,4 millions
Capitale: Hanovre (514 000 habitants)
Villes principales: Brunswick (259 000 habitants), Osnabruck (155 000), Oldenbourg (143 000), Wolfsburg (129 000)
Géographie: Plages ensoleillées et stations de ski, climat maritime et fleuves légendaires: la Basse-Saxe offre tout à la fois. Elle va de la Mer du Nord jusqu'aux montagnes du Harz, englobe les Landes de Lunebourg et le Weserbergland et se trouve à l'intersection des grands axes de circulation nord-sud et est-ouest: au cœur même de la nouvelle Europe. Ce pays à faible densité de population laisse à la nature une place de choix: 20% de sa superficie ont été déclarés sites naturels protégés.

Histoire: La liberté qu'obtint la Basse-Saxe fut le point de départ de toutes les aspirations libératri-ces des temps modernes en Europe, écrivait Justus Möser, publiciste originaire d'Osnabruck, il y a 200 ans. Dès le 1er millénaire de notre ère, les Saxons y établirent le «Allthing», qui est la pre-mière forme de démocratie étant apparue sur le sol allemand. Leur système juridique, codifié dans le «Sachsenspiegel», fut repris même en Russie et en Pologne et fit autorité dans certaines parties de l'Allemagne jusqu'en 1900.

Le royaume de Saxe, qui s'étendait de la Westphalie et des Pays-Bas jusqu'à la mer Baltique fut de courte durée: arrondi par Henri Le Lion, dans la foulée de sanglantes croisades, et s'étendant loin vers le sud et l'est, il fut demantelé en 1180 par les princes allemands. La Basse-Saxe dans sa configu-ration actuelle fut divisée et attribuée à plus de 40 souverains différents. Le nom de Saxe émigra vers l'est, là où se trouve la Saxe aujourd'hui.

Ce n'est que 500 ans plus tard que cette région fit de nouveau son entrée dans l'histoire européenne, lorsque les princes de Hanovre devinrent rois d'Angleterre en 1714. Et, quand l'«Union perso-nelle» prit fin 123 ans plus tard, il n'existait plus que quatre Etats sur le territoire de la Basse-Saxe: Brunswick, Hanovre, Oldenbourg et Schaumburg-Lippe. Ceux-ci furent par la suite, intégrés à l'empire allemand et leur réunion, en 1946, en fit le Land de Basse-Saxe, qui, pour la première fois dans son histoire constituait une entité territoriale: le deuxième Land de la République fédérale pour ce qui est des dimensions, celui où se trouve la plus grande usine de construction automobile d'Europe et où ont lieu les plus grandes foires indu-strielles du monde, sans oublier ses douze universi-tés, dont la doyenne, Göttingen, a vu sortir, dans les années vingt, plus d'une douzaine de prix Nobel.

Les habitants de la Basse-Saxe ont toujours eu à cœur de défendre leurs libertés: August Heinrich Hoffmann von Fallersleben écrivit l'hymne natio-nal allemand. Hélène Lange, originaire d'Olden-bourg, se fit le porte-parole du mouvement fémini-ste allemand au tournant du siècle, les soldats de l'infanterie de marine du port de Wilhelmshaven déclenchèrent, par leur mutinerie, la Révolution de Novembre, en 1918, Erich Maria Remarque, d'Osnabruck lui aussi, écrivit «A l'Ouest rien de nouveau», roman dans lequel il fustigeait la guerre, tandis que, sous la République de Weimar, le da-daiste Kurt Schwitters faisait de Hanovre le centre de l'art. «Penser de travers mais agir droitement», cette tradition se retrouve à toutes les époques de l'histoire de la Basse-Saxe, chez Till Eulenspiegel, mais aussi chez Gottfried Wilhelm Leibniz, ainsi que chez Hermann Löns, l'ancêtre de la protection de l'environnement, et chez les «Scorpions», un groupe de musique rock de Hanovre.

Fläche: 34.070 km²
Einwohner: 17,5 Millionen
Hauptstadt: Düsseldorf (577.000 Einwohner)
Größere Städte: Köln (956.000 Einwohner), Essen
(626.000), Dortmund (600.000), Duisburg
(537.000), Münster (261.000)
Geographisches: Nordrhein-Westfalen, im Westen der Bundesrepublik gelegen und an die Niederlande sowie Belgien grenzend, ist das bevölkerungsreichste Land. Kernzone der rheinisch-westfälischen Industrielandschaft ist das Ruhrgebiet, der größte industrielle Ballungsraum Europas. Nordöstlich erstreckt sich bis zum Teutoburger Wald die Münsterländer Bucht, in der, wie in den angrenzenden Landschaften, Agrarproduktion das Bild bestimmt.
Geschichte: Mit der „operation marriage" (Operation Hochzeit) fügten die britischen Besatzungsbehörden 1946 die ehemaligen preußischen Provinzen Westfalen und Rheinland (in seinen nördlichen Teilen), die bis dahin unterschiedliche Entwicklungen genommen hatten, zum Land Nordrhein-Westfalen zusammen. 1947 kam Lippe hinzu. Westfalen war im Mittelalter und der frühen Neuzeit in Kleinstaaten zersplittert. Unter französischer Herrschaft gab es in den Jahren 1807-1813 ein Königreich Westfalen mit Napoleons Bruder Jérôme als Monarchen, das jedoch — wie an der Hauptstadt Kassel ersichtlich — mit dem heutigen Landesteil territorial durchaus nicht identisch war. Nach 1815 kam das gegenwärtige Westfalen dann an Preußen.
Als Rheinlande werden die deutschen Gebiete zu beiden Seiten des Mittel- und Niederrheins bezeichnet, deren südlicher Teil nach dem zweiten Weltkrieg an Rheinland-Pfalz fiel. In der heute zu Nordrhein-Westfalen gehörenden Region entstanden im Mittelalter mehrere kleinere Territorien sowie das Kurfürstentum Köln. Ab 1614 fielen Teile des Rheinlandes an Brandenburg bzw. Preußen, das 1815 die Rheinprovinz erhielt.
Das Ruhrgebiet — teils zum Rheinland, teils zu Westfalen gehörig — nahm seinen Aufschwung ab Mitte des 19. Jahrhunderts. Heute gilt die einst vom Bergbau und der Stahlindustrie fast ausschließlich geprägte Region als Musterbeispiel des erfolgreichen Strukturwandels, der seit Ende der 70er Jahre die wirtschaftliche Entwicklung des Landes prägt: Chemie und Maschinenbau haben die traditionellen Standortfaktoren Stahl, Kohle und Textilgewerbe in ihrer Bedeutung abgelöst. Mit einem Anteil von 55 Prozent der Beschäftigten ist der Dienstleistungssektor arbeitsplatzintensiver als die gesamte Industrie. Konsequenter Abbau von Umweltbelastungen, integrierte Umweltvorsorge sowie systematischer Naturschutz und Landschaftspflege gerade in den dichtbesiedelten Bereichen haben vielerorts neue Standortqualitäten geschaffen; die umgesetzte Vision vom „Blauen Himmel über der Ruhr" hat das alte Image des „Kohlenpotts" erfolgreich verdrängt. Einen zentralen Beitrag zu diesem selbstgeleisteten Aufbau einer zukunftssicheren Wirtschaftsstruktur haben auch Forschung und Entwicklung erbracht: Mit einem engmaschigen Netz von mehr als 1.000 Forschungsinstituten und 49 Hochschulen zählt die Forschungslandschaft Nordrhein-Westfalens heute zu den dichtesten und vielfältigsten der Welt. Dieser Ruf gebührt auch dem „Kulturland NRW", wovon jüngst die Vereinten Nationen in einem Vergleich der internationalen bedeutenden Kulturmetropolen Zeugnis abgelegt haben.

Area: 34,070 square kilometres
Population: 17.5 million
Capital: Düsseldorf (population 577,000)
Principal cities: Cologne (956,000), Essen (626,000), Dortmund (600,000), Duisburg (537,000), Münster (261,000).
Geography: North Rhine-Westphalia, situated in the west of the Federal Republic of Germany and bordering the Netherlands as well as Belgium, is the most heavily populated state. The core of the Rhenish-Westphalian industrial area is the Ruhr region, featuring the greatest industrial concentration in Europe. The Münsterland basin stretches out into the north-east up to the Teutoburger Wald and is, like the neighbouring areas, of rural-agrarian character.
History: In 1946, the British occupation administration merged the former Prussian provinces of Westphalia and (the northern parts of) the Rhineland to form the state of North Rhine-Westphalia, even though both had heretofore undergone different historical developments. This was "Operation Marriage". In 1947, Lippe was added. In the Middle Ages and in the early modern era, Westphalia had been a conglomerate of split-up minor states. During French rule in the years 1807-1813, a kingdom of Westphalia existed, with Napoleon's brother Jérôme as monarch, but which — since the capital city was Kassel — was not identical with the territory of today. After 1815 present-day Westphalia was ceded to Prussia.
The Rhineland is the German regions on both sides of the Middle and Lower Rhine, the southern part of which fell to the Rhineland-Palatinate after World War II. In the part nowadays belonging to North Rhine-Westphalia, several smaller territories as well as the Electorate of Cologne had come into being during the Middle Ages. Commencing in 1614, parts of the Rhineland fell to Brandenburg, respectively Prussia, which was awarded the whole region in 1815.
The Ruhr, located partly in the Rhineland and partly in Westphalia, began to prosper from the middle of the 19th century. Once characterized almost entirely by mining and the steel industry, the region now serves as a model of successful structural change. It is this change which has shaped economic development since the end of the 1970s. Chemicals and engineering have taken over from traditional steel, coal and textiles. The service sector, employing 55% of working people, provides more jobs than the whole of industry. A consistent approach to reducing environmental damage, integrated environmental provisions, systematic nature conservation and care of the countryside, especially in densely-populated areas, have created a better quality of life in many places. The old image of coalfields has given way to the opposite: a vision of "blue skies over the Ruhr." Research and development have also made a vital contribution to the state's success in building an economic structure which provides security for the future. With over 1,000 research institutes and 49 universities and colleges of higher education, North Rhine-Westphalia has one of the densest and most varied research networks in the world. It has earned the same reputation in the arts and was recently singled out by the United Nations in a comparison of international cultural centres.

Superficie: 34 070 km²
Nombre d'habitants: 17,5 millions
Capitale: Düsseldorf (577 000 habitants)
Villes principales: Cologne (956 000 habitants),
Essen (626 000), Dortmund (600 000), Duisbourg
(537 000), Munster (261 000)
Géographie: Située à l'ouest de la République fédérale et aux frontières de la Belgique et des Pays-Bas, la Rhénanie du Nord-Westphalie est le Land le plus peuplé d'Allemagne. La région de la Ruhr, son cœur industriel, est la zone présentant la plus grande densité industrielle en Europe. Au nord-est, la baie de Munsterland s'étend jusque vers la Forêt de Teutobourg et reste, comme les pays limitrophes, une région agricole.
Histoire: En 1946, les responsables de l'occupation anglaise réunissent au cours d'une «operation marriage» (opération mariage) les anciennes provinces prussiennes de Westphalie et de Rhénanie (à savoir la partie nord) en un Land baptisé Rhénanie du Nord-Westphalie, deux régions ayant suivi jusque là des évolutions bien différentes et auxquelles Lippe est annexée en 1947. Au Moyen-Age et au début des temps modernes, la Westphalie est morcelée en petits Etats. Sous la domination française, c'est-à-dire entre 1807 et 1813, il existe même un royaume de Westphalie dont le monarque Jérôme est un frère de Napoléon. La Wesphalie devient prussienne à partir de 1815.
On entend par pays rhénans les régions situées sur les deux côtés du fleuve, en amont de celui-ci et au centre de l'Allemagne dont la partie sud fut attribuée à la Rhénanie-Palatinat après la seconde guerre mondiale. Dans cette région faisant aujourd'hui partie de la Rhénanie du Nord-Westphalie, plusieurs petits territoires ainsi que l'Electorat de Cologne virent le jour au Moyen-Age. A 1614, certaines régions rhénanes reviennent au Brandebourg, c'est-à-dire à la Prusse qui dominera toute la Rhénanie dès 1815.
Le Bassin de la Ruhr, qui fait partie tant de la Rhénanie que de la Westphalie, prit son essor au milieu de 19ème siècle. Cette région, que l'industrie minière et la sidérurgie ont profondément marqué de leur empreinte, passe aujourd'hui, pour être un modèle de reconversion structurelle menée à bonne fin. La chimie et la construction mécanique sont venues remplacer les industries traditionellement localisées dans cette région, telles que celles de l'acier, du charbon et du textile et y jouent, désormais, un rôle aussi important que ces dernières, dans le passé. Le secteur tertiaire, qui occupe 55% de la population active est plus créateur d'emplois que l'ensemble de l'industrie. La suppression méthodique de facteurs ayant une incidence néfaste sur l'environnement, une politique de prévention intégrée dans ce domaine, ainsi que la sauvegarde systématique du milieu de vie et une protection des sites naturels orientée tout particulièrement sur les régions de grande agglomération urbaine, ont engendré de nouveaux critères pour ce qui est de la qualité du lieu d'implantation des entreprises. La réalisation de l'objectif «Ciel bleu au-dessus de la Ruhr» a fait reculer l'image négative s'attachant à ce bassin houiller. Disposant d'un réseau de plus de 1000 instituts de recherche et de 49 grandes écoles, la Rhénanie du Nord-Westphalie est la région présentant la densité et la diversification la plus élevée en matière de recherche. Sa réputation lui vient aussi de ce qu'elle est un «pays culturel» ainsi qu'en témoigne le titre qui vient de lui être conféré par les Nations-Unies dans une comparaison internationale des métropoles culturelles les plus importantes au monde.

Rheinland-Pfalz/Rhineland-Palatinate/La Rhénanie-Palatinat

Fläche: 19.849 km²
Einwohner: 3,8 Millionen
Hauptstadt: Mainz (173.000 Einwohner)
Größere Städte: Ludwigshafen (157.000 Einwohner), Koblenz (108.000), Kaiserslautern (97.000), Trier (94.000)
Geographisches: In Rheinland-Pfalz, das gemeinsame Grenzen mit Frankreich, Luxemburg und Belgien hat, liegt das Mittelrheintal mit seinen malerischen Burgruinen, das vielen als *die* deutsche Landschaft schlechthin gilt. Vor allem hier und entlang der Mosel erstrecken sich die Weinanbaugebiete, die das Land zur wichtigsten Winzerregion der Bundesrepublik machen. Vielbesucht sind auch die alten Römerstädte Koblenz, Trier, Mainz und Worms sowie die vulkanische Eifel.
Geschichte: Rheinland-Pfalz wird vielfach als „Land aus der Retorte" bezeichnet. Es wurde 1946 von den Besatzungsmächten aus bayerischen, hessischen und preußischen Landesteilen gebildet, die nie zuvor zusammengehört hatten: aus der bis dahin zu Bayern gehörenden Pfalz, den preußischen Regierungsbezirken Koblenz und Trier, vier Kreisen der ehemals preußischen Provinz Hessen-Nassau und dem linksrheinischen Gebiet Hessens.
Besonders weit zurückreichende politische, wirtschaftliche und kulturelle Traditionen haben die heute zu Rheinland-Pfalz gehörenden rheinländischen Gebiete, in denen bereits in der Römerzeit städtische Siedlungen entstanden. Trier war seit Beginn des 4. Jahrhunderts eine der Hauptstädte des Römischen Reiches. Während des Mittelalters lagen in dieser Region die beiden Kurfürstentümer Mainz und Trier.
Auch die Pfalz hatte seit der Goldenen Bulle (1356) eine Kurstimme. Zwar verfügten die Kurfürsten und Pfalzgrafen nicht über ein geschlossenes Territorium, sie waren aber über Jahrhunderte die in dieser Region vorherrschende Macht — daran änderte auch der vorübergehende Verlust von Land und Kur an Bayern nichts, denn im Westfälischen Frieden (1648) erhielten die Pfalzgrafen beides zurück. Erst 1714 machte Kurfürst Karl Philipp dem Gegensatz zu den bayerischen Wittelsbachern ein Ende, was jedoch zur Folge hatte, daß die Pfalz zum Nebenland Bayerns absank.
Nach dem Wiener Kongreß 1815 wurde aus der Pfalz der bayerische Rheinkreis gebildet (seit 1838 Rheinpfalz genannt), während das rheinhessische Gebiet um Mainz und Worms Hessen-Darmstadt zugeschlagen wurde und die Rheinlande als Rheinprovinz Preußen angegliedert wurden.
Da Rheinland-Pfalz 1946 aus Gebieten mit sehr unterschiedlichen historischen Bindungen zusammengefügt wurde, gab es anfangs verschiedene regionale Initiativen, sich anderen Ländern anzugliedern. Diese setzten sich jedoch nicht durch. Die Rheinland-Pfälzer haben sich schließlich in und mit ihrem Land arrangiert, das nicht zuletzt aufgrund einer mangelnden gemeinsamen Tradition strukturelle Probleme aufweist: Die wirtschaftlichen Zentren liegen vorwiegend im Rheintal. Trotz seiner Probleme gelingt es Rheinland-Pfalz aber zunehmend, sich als High-Tech-Land zu etablieren, wobei zum Teil auf traditionelle Industrien wie Glas und Keramik aufgebaut werden kann.

Area: 19,849 square kilometres
Population: 3.8 million
Capital: Mainz (population 173,000)
Principal cities: Ludwigshafen (157,000), Koblenz (108,000), Kaiserslautern (97,000), Trier (94,000)
Geography: In the Rhineland-Palatinate, bordering on France, Luxembourg and Belgium, the middle Rhine valley spreads out with its picturesque ruined castles which many consider as the incarnation of German landscapes. This region and the banks of the Mosel are full of vineyards, making them the most important wine-growing areas in the Federal Republic. The old Roman cities of Koblenz, Trier, Mainz, and Worms as well as the volcanic Eifel are special attractions for visitors.
History: The Rhineland-Palatinate is often called an artificial state. In 1946, the occupying powers merged parts of Bavarian, Hessian and Prussian domains which had never belonged together before: these were the Palatinate, which had before belonged to Bavaria, the Prussian administrative regions of Koblenz and Trier, four regions of the former Prussian province of Hessen-Nassau, and the part of Hesse on the left bank of the Rhine.
Especially far-reaching are the political, economic and cultural traditions of the Rhenish regions nowadays belonging to the Rhineland-Palatinate, in which the first urban settlements had come into being during the times of the Romans. Since the beginning of the 4th century Trier had been a capital city of the Roman Empire. During the Middle Ages, the two Electorates of Mainz and Trier were situated in this region.
The Palatinate had been an Electorate since the Golden Bull of 1356. Even though the Electorates and the palatinate dukes had no strictly bordered territories, they had the say in this region for several centuries — even the temporary loss of region and Electorate to the Bavarians did not change much, since the palatinate dukes regained their privileges in the Treaty of Westphalia of 1648. Finally, in 1714, Elector Karl Philipp put an end to the conflicts with the Bavarian Wittelsbachs, even though the Palatinate suffered under the diminished status of being secondary Bavarian territory.
After the Congress of Vienna in 1815, the Palatinate became the Bavarian Rhenish region (named Rheinpfalz in 1838), while the Rheinhessen region around Mainz and Worms was given to Hessen-Darmstadt and the Rhinelands were ceded to Prussia as its Rhine province.
Because the Rhineland-Palatinate was formed in 1946 from regions with very different historical connections there were at first a number of regional movements demanding to join other states. However, these were unsuccessful. People have now come to terms with their state and their place in it. Nonetheless, not least because of the lack of a common tradition, there are structural problems. The economic centres are situated primarily in the Rhine valley. Despite these problems, the Rhineland-Palatinate is increasingly managing to establish itself as a high-tech state. In doing so, it has been able partly to build on traditional industries like glass and ceramics.

Superficie: 19 849 km²
Nombre d'habitants: 3,8 millions
Capitale: Mayence (173 000 habitants)
Villes principales: Ludwigshafen (157 000 habitants), Coblence (108 000), Kaiserslautern (97 000), Trèves (94 000)
Géographie: Le Land de Rhénanie-Palatinat, aux frontières communes avec la France, la Belgique et le Luxembourg, englobe la partie médiane de la Vallée du Rhin surmontée de ruines pittoresques de châteaux forts, et est considérée comme le paysage allemand par excellence. C'est surtout ici et le long de la Moselle que s'étendent les vignobles qui en font la région viticole la plus importante de l'Allemagne fédérale. Les anciennes cités romaines de Coblence, Trèves, Mayence et Worms ainsi que la contrée volcanique de l'Eifel sont des buts touristiques très prisés.
Histoire: Le Land de Rhénanie-Palatinat est souvent décrit comme une région créée «in vitro». Les autorités des puissances d'occupation réunissent en 1946 des régions bavaroise, hessoise et prussienne, qui n'avaient auparavant rien de commun, pour former ce Land. Il comprend le Palatinat qui appartenait avant à la Bavière, les circonscriptions autrefois prussiennes de Coblence et de Trèves, quatre circonscriptions de l'ancienne province prussienne de Hessen-Nassau et la partie rhénane gauche de la Hesse.
Les régions rhénanes composant aujourd'hui la Rhénanie-Palatinat sont marquées par des traditions politiques, économiques et culturelles fort anciennes, datant de l'époque romaine qui y avait établi des colonies. Dès le début du 4ème siècle, Trèves est une des capitales de l'Empire romain. Au Moyen-Age, les électorats de Mayence et Trèves font partie de cette région.
Depuis le décret de la Bulle d'Or (1356), le Palatinat a également droit à une voix. Bien que les électeurs et les Palatins ne disposent pas d'un territoire limité, ce sont eux qui gouvernèrent la région pendant des siècles. L'annexion provisoire à la Bavière signifiant la perte de l'électorat et du pays n'y change pas grand-chose, puisque le Traité de Paix de Westphalie (1648) rend les deux tiers aux Palatins. L'Electeur Charles Philippe procède de manière contraire avec les Wittelsbach bavarois en 1714, ce qui a pour conséquence que le Palatinat est annexé à la Bavière.
Après le congrès de Vienne en 1815, le Palatinat devient circonscription rhénane de la Bavière (nommée Palatinat rhénan depuis 1838), alors que la région rhénane-hessoise entourant Mayence et Worms est attribuée à Hessen-Darmstadt et que les pays rhénans sont rattachés à la Prusse en tant que province rhénane.
La Rhénanie-Palatinat ayant été modelée en 1946 à partir de régions aux attaches historiques des plus différentes, diverses initiatives régionales furent entreprises visant à intégrer ce pays à d'autres Länder de la Fédération. Mais toutes échouèrent. Les Palatins et les Rhénans finirent par s'arranger au sein de leur pays et avec celui-ci, pays qui, du fait du manque d'une tradition commune, connaît des problèmes d'ordre structurel. En effet, les centres économiques sont localisés en majeure partie dans la vallée du Rhin. Nonobstant ces difficultés, le Land de Rhénanie-Palatinat est en passe de devenir un pôle de technologie de pointe, se basant en partie sur les industries traditionnelles que sont le verre et la céramique.

Fläche: 2.570 km²
Einwohner: 1,07 Millionen
Hauptstadt: Saarbrücken (188.000 Einwohner)
Größere Städte: Neunkirchen (51.000 Einwohner),
Völklingen (43.000), Homburg (41.000),
St. Ingbert (41.000)
Geographisches: Das Saarland ist der kleinste deutsche Flächenstaat. Er grenzt an Frankreich und Luxemburg. Rund 30 Prozent des Landes sind mit Wald bedeckt, wobei sich die größten geschlossenen Waldgebiete im Mittelsaarländischen Waldland und im Schwarzwälder Hochwald, einem Teil des Hunsrücks, erstrecken. Die Wirtschaftszentren liegen im dicht besiedelten Saartal.
Geschichte: Vor der Industrialisierung im 19. Jahrhundert hatte das Saarland nur einen schwachen territorialen Kern in der Grafschaft (später Fürstentum) Saarbrücken, war aber ansonsten von benachbarten Herrschaften — Trier, Metz, Pfalz, Lothringen, später Frankreich — geprägt. Mit der Neuordnung Europas nach den Napoleonischen Kriegen fiel das Gebiet im Wiener Kongreß 1815 vorwiegend an die preußische Rheinprovinz, zu geringeren Teilen an die Pfalz.
Mitte des 19. Jahrhunderts, als an der Saar die Kohleförderung und Eisenerzeugung einen gewaltigen Aufschwung nahmen, formte sich hier ein einheitlicher Wirtschaftsraum aus, der sich nach dem Deutsch-Französischen Krieg 1870/71 mit dem vom neugegründeten Deutschen Reich annektierten benachbarten Lothringen verflocht. Das Saargebiet entstand als politische Einheit erst 1920 mit dem Inkrafttreten des Versailler Friedensvertrages. Nachdem französische Annexionsversuche 1918/19 am Widerstand Großbritanniens und der USA gescheitert waren, wurde das Gebiet für 15 Jahre der Verwaltung des Völkerbundes unterstellt. Frankreich erhielt die Kohlegruben, konnte das Land in sein Zollgebiet und später auch in seinen Wirtschaftsraum integrieren. Die 1935 durchgeführte Volksabstimmung, in der sich 90,8 Prozent für einen Anschluß an das Deutsche Reich aussprachen, war wegen der geänderten politischen Verhältnisse in Deutschland auch ein Votum für die nationalsozialistische Herrschaft.
Im Sommer 1945 strebte Frankreich erneut eine Einbeziehung des Saarlandes in seinen Machtbereich an und wählte dafür, nachdem eine Eingliederung in den französischen Staatsverband wiederum auf die Ablehnung seiner Alliierten gestoßen war, die Form der Wirtschafts- und Währungsunion, die auch in der Präambel der saarländischen Verfassung vom 17. Dezember 1947 festgelegt wurde. Nachdem die Bevölkerung ein „Europäisches Saarstatut" am 23. Oktober 1955 mit 67,7% abgelehnt hatte, löste der Luxemburger Vertrag vom 27. Oktober 1956 das Saarproblem. Das Saarland wurde ab 1. Januar 1957 eigenes Land. Eine auf drei Jahre befristete Übergangszeit endete schon am 5. Juli 1959. Seitdem bemühen sich die Landesregierungen, den Modernisierungsrückstand in Industrie- und Verkehrseinrichtungen aufzuholen und die sich aus der Kohle- und Stahlkrise ergebenden Notwendigkeiten der Umstrukturierung zu bewältigen — in enger grenzüberschreitender Zusammenarbeit mit Lothringen und Luxemburg.

Area: 2,570 square kilometres
Population: 1.07 million
Capital: Saarbrücken (population 188,000)
Principal cities: Neunkirchen (51,000), Völklingen (43,000), Homburg (41,000), St. Ingbert (41,000)
Geography: The Saarland is the smallest German non-city state. It borders on France and Luxembourg. About thirty per cent is wooded with the greatest forest regions in the Saar middle forest and the high forest of the Schwarzwald, which is a part of the Hunsrück. The economic centres are to be found in the densely settled Saar valley.
History: Before industrialisation in the 19th century, the Saarland only had a weak territorial centre in the duchy (later principality) of Saarbrücken, and was generally influenced by the neighbouring realms — Trier, Metz, the Palatinate, Lorraine, later France. After the new order in Europe in the wake of the Napoleonic wars, the region mainly fell to the Prussian Rhine province, and smaller parts to the Palatinate as awarded by the Congress of Vienna in 1815.
In the middle of the 19th century, coal-mining and the production of steel were greatly intensified on the banks of the Saar, so that an economic unit was formed which soon merged with Lorraine, which had been annexed by the new-founded German Reich after the Franco-Prussian War of 1870/71.
In 1920 the Saar region first became a political unit, after the peace treaty of Versailles was put into effect. After French attempts at annexation had failed in 1918/19 due to the opposition of Great Britain and the USA, the region was administered by the League of Nations for 15 years. France got the coal mines and was able to integrate the Saarland in its customs jurisdiction, later even economically. The plebiscite of 1935, in which 90.8 per cent of the population voted for affiliation with the German Reich, was also a vote for National Socialist rule in respect of the changing political scene in Germany.
In summer 1945 France again sought to incorporate the Saarland in its sphere of control, and as its allies rejected the idea of a merger with France it opted for economic and monetary union, as laid down in the preamble to the Saarland's 17 December 1947 constitution. After the "European Saar Statute" had been rejected by 67.7 per cent of voters in the 23 October 1955 referendum, the Saarland problem was resolved by the 27 October 1956 Treaty of Luxembourg. On 1 January 1957 the Saarland became a state in its own right, with a three-year transitional period that ended on 5 July 1959. State governments have since aimed at eliminating the modernisation backlog in industry and transport and at coping with the need to restructure that has resulted from the coal and steel crisis, this having been undertaken in cross-border cooperation with Lorraine and Luxembourg.

Superficie: 2570 km²
Nombre d'habitants: 1,07 millions
Capitale: Sarrebruck (188 000 habitants)
Villes principales: Neunkirchen (51 000 habitants), Völklingen (43 000), Hombourg (41 000), St-Ingbert (41 000)
Géographie: La Sarre est le plus petit des Länder allemands mis à part les villes-Etats. Situé aux frontières de la France et du Luxembourg, presque 30% de son sol est planté de forêts dont les plus grandes s'étendent dans le centre du pays et sur les hauteurs de la Forêt-Noire, une partie du Hunsrück. Les centres économiques se trouvent dans la vallée de la Sarre à forte densité de population.
Histoire: Avant son industrialisation qui date du 19ème siècle, la Sarre ne possède qu'un noyau territorial faible dans le Comté de Sarrebruck (qui deviendra par la suite un duché) et est marquée par l'influence de ses puissants voisins - Trèves, Metz, le Palatinat, la Lorraine et plus tard la France. A la suite de la réorganisation de l'Europe décidée au Congrès de Vienne en 1815 et qui suit les guerres napoléoniennes, le pays est annexé en majeure partie à la province rhénane de Prusse, et une petite partie au Palatinat.
Au milieu du 19ème siècle, l'extraction du charbon et la production de fer donne à la Sarre un puissant essor lui permettant de former un centre économique homogène qui, après le conflit franco-allemand de 1870/71 s'intègre dans la Lorraine voisine annexée alors au nouveau Reich allemand.
En tant qu'unité politique, la Sarre n'existe que depuis 1920, à la suite de l'entrée en vigueur du Traité de paix de Versailles. Après les tentatives françaises d'annexion qui échouent en 1918/19 du fait de l'opposition de la Grande-Bretagne et de l'Amérique, la région est placée sous l'administration de la Société des Nations pendant 15 ans. La France administre les mines de charbon et englobe le pays dans ses frontières douanières et plus tard, dans son économie. Le plébiscite de 1935 par lequel 90,8% de la population manifeste son désir d'appartenir au Reich allemand en vertu du changement des rapports politiques en Allemagne, représente également un vote pour la domination nationale-socialiste.
En été de l'année 1945, la France tenta de nouveau d'intégrer la Sarre à sa zone d'influence. Son rattachement à l'Etat français s'étant heurté au refus de ses alliés, elle opta, à cet effet, en faveur d'une union économique et monétaire qui fut stipulée dans le préambule de la constitution sarroise le 17 décembre 1947. 67,7% de la population ayant refusé un «statut européen de la Sarre» le 23 octobre 1955, c'est le Traité de Luxembourg, signé le 27 octobre 1956, qui apporta la solution au problème sarrois. Le 1er janvier 1957, la Sarre devint un Etat de l'Allemagne. La période de transition, qui avait été fixée à trois ans, prit fin le 5 juillet 1959. Depuis lors, les différents gouvernements du Land s'efforcent de rattraper le retard qu'enregistrent l'industrie et les transports et de venir à bout des impératifs d'une restructuration exigée par la crise de la sidérurgie en coopérant étroitement avec la Lorraine et le Luxembourg, par-delà les frontières.

Sachsen/Saxony/La Saxe

Fläche: 18.341 km²
Einwohner: 4,6 Millionen
Hauptstadt: Dresden (500.000 Einwohner)
Größere Städte: Leipzig (530.000 Einwohner),
Chemnitz (301.000), Plauen (74.000), Bautzen
(52.000)
Geographisches: Sachsen, das mit 267 Einwohnern pro Quadratkilometer dicht besiedelt ist, gilt als das Industriezentrum Mitteldeutschlands. Landschaftlich wird es im Süden vom Erzgebirge, im Südwesten vom Vogtland, im Osten von der Oberlausitz geprägt. Die schönste Region an der Elbe, die das Land von Süden nach Norden durchfließt, ist das Elbsandsteingebirge.
Geschichte: Mit der Person Heinrichs I., der als erster sächsischer Herrscher von 919 bis 936 deutscher König war, trat Sachsen in die Geschichte ein. Heinrich drang aus dem Harz in das von Slawen bewohnte Gebiet des heutigen Sachsen vor und setzte einen Markgrafen in Meißen ein. Deutsche Bauern kamen in das zuvor allein von Slawen bewohnte Land, die Missionierung begann.
1453 erhielt das Herzogtum Sachsen die Kurwürde und wurde zu einer führenden Kraft im Reich. 1485 erfolgte die Teilung des Landes unter den Herrscherbrüdern Ernst und Albrecht. Vom — heute zu Sachsen-Anhalt gehörenden — Wittenberg, der Residenz der „Ernestiner", in der Martin Luther predigte, nahm 1517 die Reformation ihren Ausgang. Später wurde auch die „albertinische" Region lutherisch.
Nach mehreren Kriegen erreichte Sachsen unter Kurfürst August dem Starken (Regentschaft 1694-1733), der ab 1697 auch König von Polen war, einen Höhepunkt in seiner Entwicklung. Im 18. Jahrhundert galt Sachsen unbestritten als eines der kulturellen Zentren Europas, doch politisch wurde es bald vom aufstrebenden Preußen überflügelt. Im Siebenjährigen Krieg (1756-1763), in den Napoleonischen Kriegen als Verbündeter Frankreichs und im Deutsch-Österreichischen Krieg (1866) als Alliierter Österreichs war Sachsen in der militärischen Auseinandersetzung mit Preußen stets der Verlierer. Zwar wurde das Land 1806 Königreich, es mußte aber 1815 fast drei Fünftel seines Gebiets an Preußen abtreten — und erhielt damit in etwa die heutigen Umrisse.
Im Zuge der in Sachsen besonders intensiven Industrialisierung bildete sich hier früh eine starke Arbeiterbewegung heraus. 1863 wurde der Allgemeine Deutsche Arbeiterverein als Vorläufer der SPD in Leipzig gegründet. Ab 1871 gehörte Sachsen zum Deutschen Reich und entwickelte sich bis 1914 zum am dichtesten bevölkerten Land Europas. Zum Ende des ersten Weltkriegs rief die Bevölkerung den Freistaat Sachsen aus.
Während der nationalsozialistischen Herrschaft wurde das Land gleichgeschaltet. Der zweite Weltkrieg traf Dresden besonders schwer: Durch Bombenangriffe der Alliierten starben im Februar 1945 kurz vor Kriegsende rund 35.000 Menschen. Nach Kriegsende wurde Sachsen, erweitert um das zuvor schlesische Gebiet um Görlitz, Teil der sowjetischen Besatzungszone. Wie alle anderen DDR-Länder wurde es 1952 bei der Gebietsreform in Bezirke aufgeteilt. Im Herbst 1989 waren die sächsischen Großstädte Zentren des gewaltlosen Widerstands gegen die SED-Herrschaft, der die Auflösung des Staates DDR, die Vereinigung Deutschlands und damit die Rekonstruktion des Landes Sachsen entscheidend mitbewirkte.

Area: 18,341 square kilometres
Population: 4.6 million
Capital: Dresden (population 500,000)
Principal cities: Leipzig (530,000), Chemnitz
(301,000), Plauen (74,000), Bautzen (52,000)
Geography: Densely populated Saxony (267 people per square kilometre) is considered to be the industrial heartland of central Germany. In the south, the landscape is characterized by the Erzgebirge, in the southwest by the Vogtland, in the east by Oberlausitz. The most beautiful region on the banks of the Elbe, which flows through the state from south to north, is the Elbsandsteingebirge.
History: The history of Saxony begins with Heinrich I, who from 919 to 936 was the first Saxon ruler to reign as king of Germany. Heinrich, coming from the Harz, entered the region of today's Saxony, which until then had been settled by Slavs, and there put a margrave in power in Meissen. German peasants soon settled in the region, thus putting an end to the sole settlement by the Slavs, and missionary work soon ensued.
In 1453, the duchy of Saxony attained the title of an Electorate and became a leading power of the Reich. In 1485, the land was divided between the two sovereign brothers Ernst and Albrecht. From Wittenberg, the residence of the Ernestines and now part of Saxony-Anhalt, Martin Luther preached and the Reformation started to spread in 1517. Albertine Saxony later became Lutheran too. After several wars, Saxony climbed to new heights in its development under the electoral prince Augustus the Strong (regency 1694-1733), who was also king of the Poles as of 1697. In the 18th century, Saxony was undoubtedly respected as one of the cultural centres of Europe, but politically it was soon overshadowed by Prussia on its way up. In the Seven Years' War (1756-1763), in the Napoleonic wars as a French ally, and in the Austro-Prussian War (1866) as an Austrian ally, Saxony was always the loser in military conflicts with Prussia. Even though the state was declared a kingdom in 1806, it had to relinquish almost three-fifths of its territory to Prussia in 1815 — and thus it roughly attained the borders of today.
Due to especially intensive industrialisation in Saxony, a strong workers' movement developed at an early time. In 1863, the General German Workers' Union was founded in Leipzig, which was a precursor of the Social Democratic Party. From 1871 Saxony was a part of the German Reich and developed by 1914 into the most densely populated area in Europe. At the end of the First World War, the population proclaimed Saxony a republic.
During the National Socialist era, the state was put in line. Dresden suffered most severely in the Second World War. A short time before the end of the war in February 1945, about 35,000 people died in Allied air raids.
After the war, Saxony, by now enlarged by the Silesian region around Görlitz, became a part of the Soviet occupied zone. Like all other states of the GDR, it was divided into regions in 1952. In autumn 1989, the larger Saxon cities were centres of non-violent resistance to the rule of the SED, thus helping to bring about the end of the GDR and to reunite Germany, and making it possible to re-establish the state of Saxony.

Superficie: 18 341 km²
Nombre d'habitants: 4,6 millions
Capitale: Dresde (500 000 habitants)
Villes principales: Leipzig (530 000 habitants),
Chemnitz (301 000), Plauen (74 000), Bautzen
(52 000)
Géographie: Avec un nombre de 267 habitants au km², la Saxe est le Land ayant la densité de population la plus élevée parmi les nouveaux Länder et est considérée comme le centre industriel de l'Allemagne centrale. Son paysage est limité au sud par le Erzgebirge, au sud-ouest par le Vogtland et à l'est par le Oberlausitz. La plus belle région bordant l'Elbe, qui traverse le pays du sud au nord est formée par les rochers de grès dits Elbsandsteingebirge.
Histoire: La Saxe entre dans l'Histoire avec la personne d'Henri Ier, premier souverain de Saxe devenu roi allemand régnant de 919 à 936. Venant de la région du Harz, Henri pénètre dans le pays occupé par les Slaves, la Saxe d'aujourd'hui, et établit un margraviat à Meissen. Des paysans allemands s'installent dans la région où ne vivaient jusqu'alors que des Slaves paiens et la christianisation commence. Le Duché de Saxe est promu en 1453 au titre d'Electorat et devient alors une des forces motrices de l'Empire. En 1485, le pays est partagé entre les frères de cette dynastie, Ernst et Albrecht. C'est de Wittenberg, — qui fait aujourd'hui partie de la Saxe-Anhalt — résidence des «Ernestins» où prêche Martin Luther, que la Réformation jette ses ramifications en 1517. La Saxe atteint l'apogée de son essor après de nombreuses guerres et sous l'Electorat d'Auguste le Fort (régence entre 1694 et 1733), également roi de Pologne dès 1697. Au 18ème siècle, la Saxe est considérée sans contestation comme l'un des centres culturels de l'Europe. Sur le plan politique, elle est cependant rapidement surpassée par la Prusse entreprenante. Dans tous les conflits militaires qui l'opposent à la Prusse, la Saxe est toujours perdante, à savoir durant la Guerre de Sept Ans (1756-1763), en tant qu'alliée de la France durant l'ère napoléonienne et pendant la guerre entre l'Allemagne et l'Autriche (1866) où elle soutient les Autrichiens. La région devient un royaume en 1806, mais se voit cependant obligée de céder presque trois cinquièmes de ses territoires à la Prusse en 1815, obtenant ainsi presque sa configuration actuelle.
A la suite de l'industrialisation particulièrement intensive de la Saxe, celle-ci voit naître bientôt déjà un mouvement ouvrier très fort. L'association générale des ouvriers allemands, mouvement précurseur du Parti social-démocrate allemand, est fondée en 1863 à Leipzig. Dès 1871, la Saxe se rallie à l'Empire allemand et devient jusqu'en 1914 la région la plus peuplée d'Europe. Après la première guerre mondiale, le peuple proclame un Etat libre de Saxe. La seconde guerre mondiale ravage terriblement Dresde. En février 1945, juste avant la fin de la guerre, les bombardements des alliés causent la mort d'environ 35 000 personnes.
Après la fin de la guerre, la Saxe se voit agrandie par l'annexion de la région autrefois silésienne entourant Görlitz, soit une partie de la zone d'occupation soviétique. Comme tous les Länder de la République démocratique d'Allemagne, la région est divisée dès 1952 en districts. Durant l'automne 1989, les centres des grandes villes de la Saxe servent de scènes aux manifestations de résistance non violente contre le joug de la SED, réclamant la dissolution de la République démocratique, la réunification de l'Allemagne et la reconstitution du Land de Saxe.

Fläche: 20.607 km²
Einwohner: 2,8 Millionen
Hauptstadt: Magdeburg (288.000 Einwohner)
Größere Städte: Halle (321.000 Einwohner), Dessau (101.000), Wittenberg (54.000), Stendal (50.000)

Geographisches: Das Land Sachsen-Anhalt grenzt mit der Altmark an Niedersachsen, weist in der Magdeburger Börde eine besonders fruchtbare Region auf und reicht im Süden bis zu den Industriegebieten um Halle und Bitterfeld. Ein Teil des Harzes gehört zu Sachsen-Anhalt.

Geschichte: Sachsen-Anhalt ist ein Land ohne Tradition; es existierte lediglich von 1945 bis 1952 innerhalb der sowjetischen Besatzungszone und der DDR und entstand dann 1990 neu. Zuvor verlief die Entwicklung in den Landesteilen unterschiedlich. Die Altmark im Norden stand über lange Jahrhunderte unter brandenburgischem Einfluß, während im Süden und Osten Sachsen die Vorherrschaft hatte. Die längste eigene Territorialgeschichte hat Anhalt, das 1212 unter den Askaniern entstand, allerdings in der Folgezeit immer wieder geteilt — und erneut vereinigt — wurde. Anfang des 17. Jahrhunderts entwickelten sich die Kleinfürstentümer Anhalt-Bernburg, Anhalt-Köthen, Anhalt-Zerbst und Anhalt-Dessau, die politisch wenig Einfluß hatten, jedoch in Musik, Baukunst und Wissenschaft in der Barockzeit eine Blüte entfalteten.

Bedeutende Anhaltiner waren Leopold I. von Anhalt-Dessau („der Alte Dessauer"), der um 1700 als einer der bedeutendsten Militärführer galt, und die russische Zarin Katharina II. (Regierungszeit 1762-1796) aus dem Geschlecht Anhalt-Zerbst.

Nach dem ersten Weltkrieg wurde Anhalt Freistaat innerhalb der Weimarer Republik, ab 1933 wurde es zusammen mit Braunschweig einem Reichsstatthalter unterstellt.

Eine gewisse eigenständige Tradition hat auch der sächsische Teil des neuen Landes. Mit der Neuordnung Europas auf dem Wiener Kongreß 1815 entstand die preußische Provinz Sachsen, zu der auch Teile des heutigen Sachsen-Anhalt gehörten. Die Provinz nahm dank reicher Bodenschätze und Braunkohlegruben im 19. Jahrhundert einen gewaltigen wirtschaftlichen Aufschwung: Die Gegend um Magdeburg galt als Kornkammer Deutschlands, um Halle, Bitterfeld, Wolfen und Leuna entstand eine chemische Industrie. Aufgrund seiner Mittellage entwickelte sich das Gebiet zum Verkehrsknotenpunkt.

Während der Weimarer Zeit war das mitteldeutsche Industriegebiet in der Provinz Sachsen mit seiner starken Arbeiterbewegung Brennpunkt von sozialen Auseinandersetzungen und Arbeitskämpfen. Mit der nationalsozialistischen Machtübernahme 1933 verlor auch die Provinz Sachsen ihren autonomen Status; während des zweiten Weltkriegs wurde die Region zu einem Rüstungszentrum ausgebaut. Sie hatte unter Bombenangriffen und Kampfhandlungen besonders schwer zu leiden. Im heutigen Sachsen-Anhalt aber ging der zweite Weltkrieg auch symbolisch zu Ende, als sich am 25. April 1945 in Torgau an der Elbe sowjetische und amerikanische Truppen die Hand reichten.

Area: 20,607 square kilometres
Population: 2.8 million
Capital: Magdeburg (population 288,000)
Principal cities: Halle (321,000), Dessau (101,000), Wittenberg (54,000), Stendal (50,000)

Geography: Saxony-Anhalt borders Lower Saxony with the Altmark, has an especially fertile area in the Magdeburger Börde, and, down in the south, it extends to the industrial regions around Halle and Bitterfeld. A part of the Harz belongs to Saxony-Anhalt.

History: Saxony-Anhalt is a state without tradition; it only existed between 1945 and 1952 as a part of the Soviet occupied zone and the GDR, and was re-established in 1990. Before, the development of the different parts of the land differed. The Altmark of the north stood under the influence of Brandenburg, whilst the south and the east were ruled by Saxony. Anhalt boasts the longest territorial history. Founded 1212 by the Ascanians, it was continuously split up and reunited. At the beginning of the 17th century, the miniature principalities of Anhalt-Bernburg, Anhalt-Köthen, Anhalt-Zerbst and Anhalt-Dessau came into being; politically of small importance, they were nonetheless centres of music, architecture, and science in the Baroque period.

Leopold I of Anhalt-Dessau ("The Old Dessauian"), who around 1700 was rated one of the most prominent military leaders, and Catherine II, an Anhalt-Zerbst princess, who ruled as Russian empress from 1762 to 1796, were two prominent Anhaltians.

After the First World War, Anhalt became a republic within the Weimar Republic, and from 1933 onwards it was administered together with Brunswick.

The Saxon part of the new state can look back upon a certain tradition of its own. The new order of Europe, decided upon by the Congress of Vienna in 1815, resulted in the Prussian province of Saxony, to which parts of today's Saxony-Anhalt also belonged. Thanks to its rich natural mineral resources and the brown coal mines, it rose to extreme prosperity in the 19th century: The area surrounding Magdeburg was considered a granary of Germany, and in the areas of Halle, Bitterfeld, Wolfen, and Leuna, a chemical industry developed. Due to its central position, it also became a centre of transport.

During the Weimar Republic the central German industrial region in the province of Saxony, with its strong labour movement, was a focal point of social upheaval and workers' struggles. In 1933, the province of Saxony lost its autonomous status after the National Socialists seized power; during the Second World War, the region was adapted to the needs of war production. Thus it was bombed especially thoroughly, and suffered heavily in combat. But, on the other hand, the Second World War symbolically came to an end in Saxony-Anhalt on 25 April 1945, when Soviet and American troops shook hands in Torgau on the Elbe.

Superficie: 20 607 km²
Nombre d'habitants: 2,8 millions
Capitale: Magdebourg (288 000 habitants)
Villes principales: Halle (321 000 habitants), Dessau (101 000), Wittenberg (54 000), Stendal (50 000)

Géographie: Le Land de Saxe-Anhalt, qui touche la Basse-Saxe par la région dite Altmark, est une terre très fertile dans la contrée dite Börde de Magdebourg et s'étend vers le sud jusqu'à la zone industrielle entourant Halle et Bitterfeld. Une partie du Harz appartient également à la Saxe-Anhalt.

Histoire: La Saxe-Anhalt est un Land sans traditions, qui n'a existé que de 1945 à 1952 dans le cadre de l'occupation soviétique et de la République démocratique. Elle est recréée en 1990. L'évolution des diverses contrées du pays est très différente. La région du Nord dite Altmark subit plusieurs siècles durant l'influence brandebourgeoise alors que le sud et l'est se trouvent sous la prédominance de la Saxe. Anhalt, fondée par les princes askaniens en 1212, puis divisée à plusieurs reprises pour être réunie à nouveau, a une très longue histoire territoriale propre. Au début du 17ème siècle, les petits duchés de Anhalt-Bernbourg, Anhalt-Köthen, Anhalt-Zerbst et Anhalt-Dessau virent le jour. Si leur influence politique est de moindre importance, les talents de leurs habitants dans les domaines de la musique, de l'architecture et des sciences s'épanouissent durant l'époque baroque.

Les personnages illustres de ces lignées sont Léopold Ier de Anhalt-Dessau (nommé «le Vieux de Dessau»), l'un des stratèges les plus marquants vers 1700 et Catherine II, Impératrice de Russie (régence de 1762-1796) issue de la famille Anhalt-Zerbst.

Après la première guerre mondiale, Anhalt devient un Etat indépendant dans le cadre de la République de Weimar et dès 1933, réuni avec Brunswick, un district assujetti au Reich.

La partie saxonne du nouveau Land possède une certaine tradition individuelle. Lors de la réforme européenne décidée au Congrès de Vienne en 1815, la province prussienne de Saxe qui y voit le jour comprend certaines parties du land de Saxe-Anhalt d'aujourd'hui. Grâce aux richesses de son sol et à ses mines de lignite, la province prend un essor économique florissant dès le 19ème siècle. Les environs de Magdebourg sont considérés comme le grenier à blé de l'Allemagne et l'industrie chimique se développe à Halle, Bitterfeld, Wolfen et Leuna. La situation centrale de la région en fait une plaque tournante.

Durant l'époque de la République de Weimar, la zone industrielle centrale allemande de la Saxe, forte de son mouvement ouvrier actif, est le théâtre de conflits sociaux et de combats de salariés. Lors de la prise du pouvoir par le gouvernement national-socialiste, la province de la Saxe perd en 1933 son statut d'autonomie. Pendant la seconde guerre mondiale, le pays est transformé en centre d'armement. Il est particulièrement ravagé par les bombardements et les attaques. Dans la Saxe-Anhalt d'aujourd'hui, la deuxième guerre mondiale s'est terminée symboliquement le 25 avril 1945 à Torgau, au bord de l'Elbe, lorsque les soldats des troupes américaines et soviétiques se sont tendu la main.

Schleswig-Holstein/Schleswig-Holstein/Le Schleswig-Holstein

Fläche: 15.731 km²
Einwohner: 2,6 Millionen
Hauptstadt: Kiel (238.000 Einwohner)
Größere Städte: Lübeck (210.000 Einwohner), Flensburg (86.000), Neumünster (80.000), Norderstedt (66.000)
Geographisches: Das nördlichste Land ist wegen seiner Feriengebiete an Nord- und Ostsee vielbesucht. Die Westküste erhält ihren Reiz durch Wattenmeer, Nordfriesische Inseln und Halligen, die stark gegliederte Ostseeküste bietet hervorragende Naturhäfen. Der Westen des Landes ist von fruchtbaren Marschen, der Osten von einer Hügel- und Seenlandschaft geprägt.
Schleswig-Holstein liegt zwar am Rand der Bundesrepublik Deutschland, aber im Herzen Europas — genau auf halber Strecke zwischen Malta und dem Nordkap. Und: Es ist durch die Ostsee mit Schweden, Finnland, Polen, Dänemark und den Ostseerepubliken Estland, Lettland und Litauen verbunden.
Ackerbau und Viehzucht, Fischerei und Schiffbau — das waren lange Zeit die wesentlichen Wirtschaftsbereiche in Schleswig-Holstein. Auch heute noch hat die Land- und Ernährungswirtschaft große Bedeutung; jeder siebte Arbeitsplatz steht in direktem Zusammenhang mit der Erzeugung und Verarbeitung von landwirtschaftlichen Produkten. Klar ist aber, daß weder die Landwirtschaft noch der Schiffbau auf lange Sicht in der Lage sind, genügend Menschen zu beschäftigen.
Deshalb fördert die Landesregierung die technologische Erneuerung der Wirtschaft. Heute schon arbeiten im Bereich Elektrotechnik einschließlich Elektronik mehr als doppelt so viele Menschen wie im traditionellen Schiffbau. Größter Industriezweig des Landes ist der Maschinenbau.
Geschichte: Die Geschichte Schleswig-Holsteins wurde von seiner engen Nachbarschaft zu Dänemark geprägt. 1460 schlug die Geburtsstunde Schleswig-Holsteins: In diesem Jahr wurde der Dänenkönig Christian I. zum Herzog von Schleswig und Holstein gewählt. Im Ripener Freiheitsbrief garantierte er dabei die Unteilbarkeit des Landes. „Up ewich ungedeelt" — das war die heute noch vielzitierte Formel.
Weltgeschichte schrieb das Land 1918: Kurz vor Ende des ersten Weltkrieges demonstrierten in Kiel Tausende Matrosen der Kriegsmarine für Frieden, Freiheit und Brot — und trugen damit zum Ende des Wilhelminischen Kaiserreiches bei. Als Folge des zweiten Weltkrieges wurde der preußische Staat aufgelöst, und durch Verfügung der britischen Militärregierung entstand im August 1946 das Land Schleswig-Holstein.
Ein besonderes Kennzeichen Schleswig-Holsteins ist seine kulturelle Vielfalt. Mehr als 100 Museen und Sammlungen, zahlreiche Archive und Bibliotheken, Galerien und Theater reizen zu kulturellen Entdeckungen.
Lübeck, von der UNESCO in die Liste der „Kulturdenkmäler der Menschheit" aufgenommen, lädt ebenso zu einem Besuch ein wie die „Kieler Woche" oder das „Schleswig-Holstein Musik-Festival".
Schleswig-Holstein gehört aber auch zu den interessantesten Literaturlandschaften in der Bundesrepublik. Theodor Storm, Friedrich Hebbel, die Gebrüder Heinrich und Thomas Mann, Klaus Groth und Wolfdietrich Schnurre waren Schleswig-Holsteiner, Autoren wie Jurek Becker, Günter Grass, Hans-Jürgen Heise, Helmut Heißenbüttel, Günter Kunert, Sarah Kirsch und Siegfried Lenz leben und arbeiten heute dort.

Area: 15,731 square kilometres
Population: 2.6 million
Capital: Kiel (population 238,000)
Principal cities: Lübeck (210,000), Flensburg (86,000), Neumünster (80,000), Norderstedt (66,000)
Geography: The northernmost state is popular with visitors to its North Sea and Baltic resorts. Features of the North Sea coast include the mud flats, the North Frisian islands and the halligs (islets in the flats that are almost submerged at high tide), while the heavily indented Baltic coast boasts superb natural harbours. The fertile fens of the west are offset by hills and lakes to the east.
Schleswig-Holstein may be on the periphery of the Federal Republic of Germany, but it is in the heart of Europe, equidistant from Malta and the North Cape, while it shares a Baltic coast with Sweden, Finland, Poland, Denmark, Estonia, Latvia and Lithuania.
Arable and dairy farming, fishery and shipbuilding were long the state's economic mainstays. Agriculture and food still play a leading role. One job in seven is directly connected with the production and processing of farm produce. But farming and shipbuilding can clearly not provide enough jobs in the long term.
That is why the state government is promoting technological renewal, and twice as many people are now employed in electrical engineering and electronics as in shipbuilding. Mechanical engineering is the main industry, but microelectronics, medical engineering, measurement and control technology have gained in importance. Schleswig-Holstein today is a centre of modern industrial investment.
History: Schleswig-Holstein's history is closely linked with that of neighbouring Denmark. Schleswig and Holstein were joined in 1460 under Christian I of Denmark, who guaranteed in the Ribe Treaty that they would remain "forever undivided," a pledge that is still frequently quoted.
World history was written in 1918 when, just before the end of World War I, thousands of naval ratings took to the streets of Kiel to demonstrate for peace, freedom and food — and so helped to bring about the end of the Wilhelminian Reich.
After World War II Prussia was abolished as an administrative entity and in August 1946 the British military government set up the state of Schleswig-Holstein.
Cultural variety is a keynote of Schleswig-Holstein, where there are over 100 museums and collections, numerous archives and libraries, art galleries and theatres to interest lovers of art and the arts.
Lübeck, Unesco-listed as part of the "cultural heritage of mankind," is well worth a visit, as are the Kiel Regatta and the Schleswig-Holstein Music Festival, an annual summer season of first-rate music played in churches and town halls, castles and barns.
Schleswig-Holstein is also one of the Federal Republic's most interesting literary regions. Theodor Storm, Friedrich Hebbel, Heinrich and Thomas Mann, Klaus Groth and Wolfdietrich Schnurre were Schleswig-Holsteiners. Writers who live and work there now include Jurek Becker, Günter Grass, Hans-Jürgen Heise, Helmut Heissenbüttel, Günter Kunert, Sarah Kirsch and Siegfried Lenz.

Superficie: 15 731 km²
Nombre d'habitants: 2,6 millions
Capitale: Kiel (238 000 habitants)
Villes principales: Lubeck (210 000 habitants), Flensbourg (86 000), Neumunster (80 000), Norderstedt (66 000)
Géographie: Situé tout au Nord, le Schleswig-Holstein est renommé pour ses lieux de villégiature implantés sur les côtes de la Baltique et de la Mer du nord. La côte occidentale doit ses charmes à la mer des wadden, aux îles de la Frise et aux îlots des Halligen alors que les bords de la Baltique offrent des ports naturels superbes. L'ouest du pays est caractérisé par ses champs fertiles alors que l'est est semé de collines et de lacs. Le Schleswig-Holstein se trouve, certes, à la périphérie de la République fédérale d'Allemagne, mais il est au cœur de l'Europe — plus exactement à mi-chemin entre l'île de Malte et le Cap Nord. Il est, de plus, relié par la mer Baltique à la Suède, à la Finlande, à la Pologne, au Danemark et aux Républiques baltes que sont l'Estonie, la Lettonie et la Lituanie.
Agriculture, élevage, pêche et construction navale furent, pendant longtemps, les secteurs économiques dont vécut essentiellement le Schleswig-Holstein. Toutefois, il est évident que ni l'agriculture ni la construction navale, ne seront en mesure, à long terme, de fournir des emplois en nombre suffisant. C'est la raison pour laquelle le gouvernement de ce Land encourage l'innovation technologique dans le domaine économique. Aujourd'hui, l'électrotechnique et l'électronique occupent déjà deux fois plus de personnes que la construction navale traditionnelle. La branche industrielle la plus importante est représentée par la construction mécanique.
Histoire: L'histoire du Schleswig-Holstein garde l'empreinte de son voisinage avec le Danemark. L'année 1460 marque la naissance du Schleswig-Holstein: c'est cette année-là que le roi des Danois, Christian Ier, fut élu duc de Schleswig et de Holstein. Dans la «Lettre d'Indépendance», dite «Ripener Freiheitsbrief», il garantissait l'indivisibilité du pays. «Up ewich ungedeelt», «Unis pour l'éternité», telle était alors la formule, si souvent citée aujourd'hui encore.
C'est en 1918 que le pays entra à jamais dans l'Histoire. En effet, peu avant la fin de la première guerre mondiale, des milliers de soldats de l'infanterie de marine de guerre manifestèrent à Kiel en faveur de la paix, de la liberté mais aussi pour obtenir du pain, contribuant ainsi à mettre fin à l'empire allemand wilhelminien. La deuxième guerre mondiale entraîna la dissolution de l'État prussien et c'est par décision du gouvernement militaire britannique que fut créé le Land de Schleswig-Holstein, en août 1946.
L'une des caractéristiques essentielles du Schleswig-Holstein est sa diversité culturelle. Plus de 100 musées et collections, de nombreuses archives et bibliothèques, des galeries et théâtres invitent à la découverte culturelle du pays.
Lubeck, admise sur la liste des «monuments culturels de l'humanité» par l'Unesco, attire le visiteur tout autant que la «Semaine de Kiel» (régates) et que le Festival de Musique du Schleswig-Holstein. Le Schleswig-Holstein fait également partie des régions de l'Allemagne ayant inspiré un grand nombre d'écrivains. Theodor Storm, Friedrich Hebbel, les frères Heinrich et Thomas Mann, Klaus Groth et Wolfdietrich Schnurre étaient originaires du Schleswig-Holstein, des auteurs tels que Jurek Becker, Günter Grass, Hans-Jürgen Heise, Helmut Heißenbüttel, Günter Kunert, Sarah Kirsch et Siegfried Lenz y vivent et y travaillent aujourd'hui.

Fläche: 16.251 km²
Einwohner: 2,5 Millionen
Hauptstadt: Erfurt (217.000 Einwohner)
Größere Städte: Gera (130.000 Einwohner), Jena (107.000), Weimar (61.000), Gotha (57.000)
Geographisches: Das Land Thüringen liegt im Zentrum des wiedervereinigten Deutschland, umgeben von Hessen, Niedersachsen, Sachsen-Anhalt, Sachsen und Bayern. Landschaftlich bestimmend ist der schmale Mittelgebirgskamm des Thüringer Waldes. Westlich davon steigt das Meininger Land bis zur Rhön an, östlich erstreckt sich die Ackerlandschaft des Thüringer Beckens.
Geschichte: Das Land Thüringen hat seine frühen Wurzeln im Königreich gleichen Namens, das von 400 bis 531 zwischen dem Main und dem Harz existierte. Nach den germanischen Toringi wechselten sich dann Franken und Sachsen in der Herrschaft ab; im 8. Jahrhundert begann die Christianisierung.

Im Mittelalter war Thüringen zunächst von den Landgrafen aus dem Geschlecht der Ludowinger geprägt, die 1130 die Herrschaft übernahmen und 1180 die Pfalzgrafschaft Sachsen ihrem Gebiet eingliederten. Ludowingischer Stammsitz war die oberhalb Eisenachs gelegene Wartburg, auf der sich die mittelalterlichen Minnesänger ihren „Sängerkrieg" geliefert haben sollen. Noch zweimal rückte die Wartburg danach ins Licht der Aufmerksamkeit: 1521 übersetzte Martin Luther hier die Bibel ins Deutsche, und 1817 wurde die Festung, als sich die Burschenschaften mit der Forderung nach einem deutschen Nationalstaat zum Wartburgfest versammelten, zum Symbol der Einheit Deutschlands.

Wie die gesamtdeutsche war auch die thüringische Geschichte frühzeitig — nach dem Aussterben der Ludowinger 1247 — von territorialer Zersplitterung bestimmt.

Thüringen fiel nach 1247 an das Haus Wettin, das sich nach der Leipziger Teilung von 1485 noch in eine Albertinische und Ernestinische Linie aufspaltete. Daneben gab es die kurmainzischen Gebiete Erfurt und das Eichsfeld, die Fürstentümer Schwarzburg-Rudolstadt und Schwarzburg-Sondershausen, die Fürstentümer Reuß, die gefürstete Grafschaft Henneberg und einige andere kleine Gebiete. Im 19. Jahrhundert gab es in Thüringen zeitweise 15 verschiedene Kleinstaaten mit über 100 Gebietsenklaven.

Erst 1920 wurde aus den verbliebenen Kleinstaaten — vier Ernestinische Sächsische Herzogtümer, die Fürstentümer Schwarzburg-Rudolstadt, Schwarzburg-Sondershausen, Reuß ältere und Reuß jüngere Linie — das Land Thüringen mit Weimar als Hauptstadt gebildet. Es verlor seine Eigenstaatlichkeit mit der nationalsozialistischen Machtübernahme, wurde in den letzten Wochen des zweiten Weltkriegs von amerikanischen Truppen besetzt, aber noch 1945 gemäß den Beschlüssen von Jalta der sowjetischen Besatzungszone zugeschlagen. Die DDR-Gebietsreform von 1952 teilte das Land in die Bezirke Erfurt, Gera und Suhl. Neue Landeshauptstadt des mit der deutschen Einheit 1990 wiedergegründeten Thüringen wurde Erfurt.

Area: 16,251 square kilometres
Population: 2.5 million
Capital: Erfurt (population 217,000)
Principal cities: Gera (130,000), Jena (107,000), Weimar (61,000), Gotha (57,000)
Geography: Thuringia is situated in the centre of reunited Germany and is surrounded by Hesse, Lower Saxony, Saxony-Anhalt, Saxony, and Bavaria. The slim ridge of the Mittelgebirge with the Thuringian Forest characterizes the landscape. To the west, the Meininger Land rises up to the Rhön, and to the east, farmland spreads out in the Thuringian lowlands.
History: The state of Thuringia has its early roots in a kingdom of the same name which existed from 400 to 531 between the Main and the Harz. After the Germanic Toringi, the Franconians and the Saxons were alternately sovereigns of the region; in the 8th century, Christianisation set in.

During the Middle Ages, Thuringia was influenced by the dukes of the Ludovingian dynasty, whose reign commenced in 1130 and who also took over the palatinate duchy of Saxony in 1180. The main residence of the Ludovingians was the Wartburg above Eisenach, where the troubadours of the Middle Ages are said to have carried out their "war of the singers." Twice again the Wartburg was to be in the limelight. In 1521, Martin Luther translated the Bible into German at this spot, and in 1817 the castle was to become the symbol of the unity of Germany due to the students' associations, who here organized the Wartburg festival, calling for a German nation-state.

Like Germany in general, the history of Thuringia was influenced in early times by territorial split-ups — ever since the Ludovingian dynasty became extinct.

After 1247 Thuringia fell to the Wettin dynasty. After the Leipzig Partition in 1485 the Wettins again split into the Albertine and Ernestine lines. There were in addition the Erfurt and Eichsfeld regions of the Electorate of Mainz, the principalities of Schwarzburg-Rudolstadt and Schwarzburg-Sondershausen, the principalities of Reuss, the earldom of Henneberg and several other small regions. In the 19th century, there were sometimes more than 15 different miniature states with over a hundred territorial enclaves in Thuringia.

At last, in 1920, the state of Thuringia was formed out of the remaining mini-states — four Ernestinian Saxon duchies, the principalities Schwarzburg-Rudolstadt, Schwarzburg-Sondershausen, Reuss (Elder Line), and Reuss (Younger Line). Its capital was to be Weimar. Thuringia lost its independence after the National Socialists seized power, and, in the last weeks of the Second World War, it was occupied by American troops, but as of early 1945 it was ceded to the Soviets, according to the decisions made in Yalta. Regional reform in the GDR in 1952 once again divided the state into the Erfurt, Gera, and Suhl districts. Thuringia, having been re-established as a state after German reunification in 1990, has a new capital, Erfurt.

Superficie: 16 251 km²
Nombre d'habitants: 2,5 millions
Capitale: Erfurt (217 000 habitants)
Villes principales: Gera (130 000 habitants), Jena (107 000), Weimar (61 000), Gotha (57 000)
Géographie: La Thuringe se situe au centre de l'Allemagne réunifiée, et est entourée par la Hesse, la Basse-Saxe, la Saxe-Anhalt, la Saxe et la Bavière. Son paysage est caractérisé par l'étroite crête montagneuse des forêts de la Thuringe. A l'ouest, la région de Meining remonte jusqu'au Rhön, à l'est s'étendent les champs du bassin de la Thuringe.
Histoire: Les racines du Land de la Thuringe viennent du royaume du même nom ayant existé de 400 à 531 entre le Main et le Harz. Les Francs et les Saxons se relaient au pouvoir à la suite de la Toringi germanique. La christianisation du pays commence dès le 8ème siècle.

Au Moyen-Age, la Thuringe est d'abord influencée par les Landgraves Ludovingiens qui prennent le pouvoir en 1130 et annexent à leur territoire le Comté palatin de la Saxe en 1180. Les Ludovingiens ont leur siège permanent dans la forteresse de la Wartbourg, édifiée au-dessus de Eisenach, et dans laquelle des minnesingers du Moyen-Age se seraient livrés leurs «Guerres des chanteurs». La forteresse de Wartbourg retient encore deux fois l'attention au cours de l'Histoire: Martin Luther traduit la Bible en allemand entre ses murs en 1521 et en 1817, lorsque les confréries s'y retrouvent pour exiger, au cours d'une fête, la création d'une Confédération, symbolisant ainsi l'unité allemande.

Comme toute l'histoire allemande, celle de la Thuringe est marquée très tôt — après la disparition des Ludovingiens en 1247 — par le morcellement de ses territoires.

La Thuringe échut après 1247 à la Maison de Wettin qui se scinda elle-même en une ligne «Albertine» et une ligne «Ernestine» après la «Division de Leipzig». La Thuringe se constituait également des provinces d'Erfurt et d'Eichsfeld, appartenant à l'électorat de Mayence, des principautés de Schwarzburg-Rudolstadt, de Schwarzburg-Sondershausen et de Reuß, du comté de Henneberg ayant accédé au rang de principauté et de quelques autres petits territoires. Au 19ème siècle, la Thuringe comprend une quinzaine de petits Etats et plus de 100 enclaves territoriales.

Ce n'est qu'en 1920 que le reste de ces petits Etats, à savoir quatre duchés ernestins de Saxe, les principautés de Schwarzburg-Rudolstadt, Schwarzburg-Sondershausen, l'ancienne et la nouvelle lignée Reuß sont réunis et forment la Thuringe avec Weimar pour capitale. La prise de pouvoir nationale-socialiste lui fait perdre son indépendance et elle est occupée durant les dernières semaines de la seconde guerre mondiale par les troupes américaines. Cependant, le Traité de Yalta de 1945 en fait une zone d'occupation soviétique. La réforme régionale de la République démocratique d'Allemagne de 1952 divise ce Land en districts, à savoir Erfurt, Gera et Suhl. Erfurt est la capitale de la Thuringe recréée en 1990.

Impressum/Bildnachweis/Illustration Credits/Index des photographies

Text und Bildlegende/Text and captions/Texte et légendes: Brigitte Beier, Hamburg

Kurt Tucholsky „Heimat", aus: Kurt Tucholsky, Gesammelte Werke, Band III, S. 312, Copyright by Rowohlt Verlag GmbH, Reinbek

Übertragung ins Englische/English Translation/Traduction anglaise: Anne Halley, University of Massachusetts Press, 1972

Übersetzung/Translation/Traduction:

Englisch/English/Anglaise:
Paul Bewicke, Hamburg

Französisch/French/Française:
Michèle Schönfeldt, Günther & Irène Mombächer, Hamburg

Karte/Map/Carte Géographique:
Lutz Orlowski, Kiel

Gestaltung/Design/Maquette:
Hartmut Brückner, Bremen

Satz/Setting/Composition:
Satz & Repro Kollektiv GmbH, Hamburg

Lithographie/Lithography/Lithographie:
Rüdiger & Doepner, Bremen

Druck/Print/Impression:
C. H. Wäser, Bad Segeberg

Bindung/Binding/Reliure:
Buchbinderei Büge, Celle

Bildnachweis/Illustration credits/Index des photographies:
Babovic, Toma, Bremen, S.: 72/73, 74/75
Bieker, Josef, Dortmund, S.: 30/31
Ellerbrock und Schafft, Bilderberg, Hamburg, S.: 32/33, 42/43
Engler, Michael, Bilderberg, Hamburg, S.: 20/21
Fischer, Georg, Bilderberg, Hamburg, S.: 28/29
Forster, Renate v., Bilderberg, Hamburg, S.: 62/63
Gluske, Paul, Transglobe Agency, Hamburg, S.: 40/41
Grames, Eberhard, Bilderberg, Hamburg, S.: 56/57, 76/77
Jogschies, Bildagentur Schuster, Oberursel, S.: 64/65
Jüschke, Transglobe Agency, Hamburg, S.: 78/79
Kluyver, Urs, Hamburg, S.: 12/13, 66/67
Kummels, Bildagentur Schuster, Oberursel, S.: 10/11
Kunz, Wolfgang, Bilderberg, Hamburg, S.: 18/19, Titel
Munzig, Horst, Mindelheim, S.: 60/61
Nickig, Marion, Essen, S.: 48/49
Jürgens Ost und Europa-Photo, Köln, S.: 70/71,
Pasdzior, Michael, Hamburg, S.: 8/9
Pratt-Pries/Schapowalow, Hamburg, S.: 14/15
Rauth, Rudolf, Mannheim, S.: 58/59
Reinhard, Karin, Transglobe Agency, Hamburg, S.: 46/47
Reiser, Andrej, Bilderberg, Hamburg, S.: 22/23, 50/51
Riexinger, Bildagentur Schuster, Oberursel, S.: 36/37
Rosenfeld, Michael, Hamburg, S.: 24/25
Ruetz, Michael, Focus, Hamburg, S.: 26/27
Siebig, Udo, Transglobe Agency, Hamburg, S.: 44/45
Snowdon/Hoyer, Focus, Hamburg, S.: 38/39, 54/55
Steche, Wolfgang, VISUM, Hamburg, S.: 68/69
Ueberholz, Björn, Transglobe Agency, Hamburg, S.: 16/17
Wojciech, Gaby, Transglobe Agency, Hamburg, S.: 34/35
Wolf, Hans, The Image Bank, Hamburg, S.: 52/53

CIP-Titelaufnahme der Deutschen Bibliothek
Schönes Deutschland/Beautiful Germany/La belle Allemagne
(Eine Bildreise)
ISBN: 3-89234-276-8

© Ellert & Richter Verlag, Hamburg 1991
Alle Rechte vorbehalten/All Rights reserved/Tous Droits réservés